MARCHA CRIANÇA

4º ANO
ENSINO FUNDAMENTAL

PRODUÇÃO DE TEXTO

Nara Luiza Bital Chiappara

Licenciada em Letras (Português e Espanhol) e especialista em Leitura e Produção de Textos pelo Centro Universitário de Belo Horizonte (UNI-BH).
Mestra em Linguística pela Universidade Federal de Viçosa (UFV).

Maria das Graças Leão Sette

Bacharela licenciada em Letras (Português e Francês) pela Faculdade de Ciências Humanas da Pontifícia Universidade Católica de Minas Gerais (PUC-MG).
Licenciada em Letras (Português) pela Universidade Federal de Minas Gerais (UFMG-FAE/PREMEN).
Consultora de projetos didáticos de várias editoras.

Ivone Ribeiro Silva

Licenciada em Letras, com pós-graduação em Leitura e Produção de Textos.
Mestra em Linguística pela Universidade Federal de Minas Gerais (UFMG).
Professora de Língua Portuguesa em escolas do Ensino Fundamental e do Ensino Médio de Belo Horizonte (MG).

Márcia Antônia Travalha

Graduada em Letras (Português e Francês) e especialista em Estudos Linguísticos e Literários pela Universidade Federal de Minas Gerais (UFMG).
Professora em escolas públicas e particulares de Ensino Fundamental em Belo Horizonte (MG).

Antonio de Pádua Barreto Carvalho

Escritor, redator e coordenador do Grupo TBH, que, desde 1999, se dedica à produção de material didático e pedagógico de Língua Portuguesa e Literatura para várias editoras do país.

editora scipione

editora scipione

Presidência: Mario Ghio Júnior
Direção editorial: Lidiane Vivaldini Olo
Gerência editorial: Viviane Carpegiani
Gestão de área: Tatiany Renó
Edição: Mariangela Secco (coord.) e Miriam Mayumi Nakamura
Planejamento e controle de produção: Flávio Matuguma, Juliana Batista, Felipe Nogueira e Juliana Gonçalves
Revisão: Kátia Scaff Marques (coord.), Brenda T. M. Morais, Claudia Virgilio, Daniela Lima, Malvina Tomáz e Ricardo Miyake
Arte: André Gomes Vitale (ger.), Catherine Saori Ishihara (coord.), Christine Getschko (edição de arte)
Diagramação: Ponto Inicial Design Gráfico
Iconografia e tratamento de imagem: André Gomes Vitale (ger.), Claudia Bertolazzi e Denise Durand Kremer (coord.), Camila Losimfeldt (pesquisa iconográfica), Fernanda Crevin (tratamento de imagens)
Licenciamento de conteúdos de terceiros: Roberta Bento (ger.); Jenis Oh (coord.), Liliane Rodrigues, Flávia Zambon e Raísa Maris Reina (analistas de licenciamento)
Ilustrações: Marcos de Mello (aberturas), Ilustra Cartoon
Design: Gláucia Correa Koller (ger.), Flávia Dutra e Gustavo Vanini (proj. gráfico e capa), Erik Taketa (pós-produção)
Ilustração de capa: Estúdio Luminos

Avenida Paulista, 901, 6º andar – Bela Vista
São Paulo – SP – CEP 01310-200
http://www.somoseducacao.com.br/

Dados Internacionais de Catalogação na Publicação (CIP)

Marcha Criança : produção de texto 1° ao 5° ano / Nara Luiza Bital Chiappara...[et al]. -- 2. ed. -- São Paulo : Scipione, 2020.
(Coleção Marcha Criança ; vol. 1 ao 5)

Outros autores: Maria das Graças Leão Sette, Ivone Ribeiro Silva, Márcia Antônia Travalha, Antonio de Pádua Barreto Carvalho
Bibliografia

1. Lingua portuguesa (Ensino fundamental) Anos iniciais 2. Produção de texto 3. Leitura I. Titulo II. Chiappara, Nara Luiza Bital III. Série

20-1072 CDD 372.6

Angélica Ilacqua - Bibliotecária - CRB-8/7057

2023
Código da obra CL 745881
CAE 721157 (AL) / 721158 (PR)
ISBN 9788547402976 (AL)
ISBN 9788547402983 (PR)
2ª edição
3ª impressão
De acordo com a BNCC.

Impressão e acabamento: Vox Gráfica

Uma publicação SOMOS EDUCAÇÃO

Com ilustrações de **Marcos Mello**, seguem abaixo os créditos das fotos utilizadas nas aberturas de Unidade:

UNIDADE 1: Piso: Plus69/Shutterstock, **Prancha de surfe:** Kavibio/Shutterstock, **Bicicleta:** Gilang Prihardono/Shutterstock, **Malas empilhadas:** Africa Studio/ Shutterstock, **Mala amarela:** Pixel-Shot/Shutterstock, **Carro:** nitinut380/ Shutterstock, **Folhas:** SaGa Studio/Shutterstock, **Telhado:** Radovan1/Shutterstock, **Tronco de árvore:** Sarawut Opkhonburi/Shutterstock, **Janela:** Aksru44/ Shutterstock, **Porta:** Bildagentur Zoonar GmbH/Shutterstock

UNIDADE 2: Textura de papel quadriculado: BlackStork/Shutterstock, **Satélite:** aapsky/Shutterstock, **Planeta Terra:** NPeter/Shutterstock, **Planetas:** Onur Gunduz/ Shutterstock

UNIDADE 3: Ambulância: KatMoy/Shutterstock, **Prédio de hospital:** Steve Design/Shutterstock, **Fachada com prédios:** Simonas Vaikasas/Shutterstock, **Vassoura:** Evikka/Shutterstock, **Maleta:** robert8/Shutterstock, **Árvore:** kpboonjit/ Shutterstock, **Banco de praça:** Sergiy Kuzmin/Shutterstock, **Fachada de edifício antigo:** Maykova Galina/Shutterstock, **Fachada de escola:** Cynthia Farmer/ Shutterstock

UNIDADE 4: Foguete de brinquedo: Stock Up/Shutterstock, **Carrinho de brinquedo:** Tatiana Popova/Shutterstock, **Bola:** Alluvion Stock/Shutterstock, **Folhas:** SOMMAI/Shutterstock, **Troncos de árvores:** PhilipYb Studio/Shutterstock, **Banco de praça:** Sergiy Kuzmin/Shutterstock

APRESENTAÇÃO

Querido aluno, querida aluna,

Prontos para embarcar no mundo da leitura e da produção de textos? Para que essa viagem seja prazerosa, com muita informação, aventura e diversão, preparamos a coleção **Marcha Criança Produção de texto**. Com ela, você vai ler e produzir, passo a passo, textos dos mais variados gêneros.

Em cada Unidade selecionamos diferentes textos, interligados por um assunto ou tema comum, e relacionados ao mundo em que vivemos.

Vocês vão ler e aprender de tudo um pouco. E, é claro, produzirão textos com o seu toque de criatividade e imaginação.

Preparados para se tornarem escritores?

Com carinho,

Os autores

Marcos de Mello/Arquivo da editora

CONHEÇA SEU LIVRO

Veja a seguir como o seu livro está organizado.

UNIDADE

Seu livro está organizado em quatro Unidades. As aberturas são compostas dos seguintes boxes:

Entre nesta roda

Você e seus colegas terão a oportunidade de conversar sobre a imagem apresentada e a respeito do que já sabem sobre o tema da Unidade.

Nesta Unidade vamos estudar...

Você vai encontrar uma lista dos conteúdos que serão estudados na Unidade.

LEITURA 1 e LEITURA 2

Cada Unidade é composta de 3 itens e cada um deles aborda um gênero textual diferente. Os textos estão organizados em **Leitura 1** e **Leitura 2**.

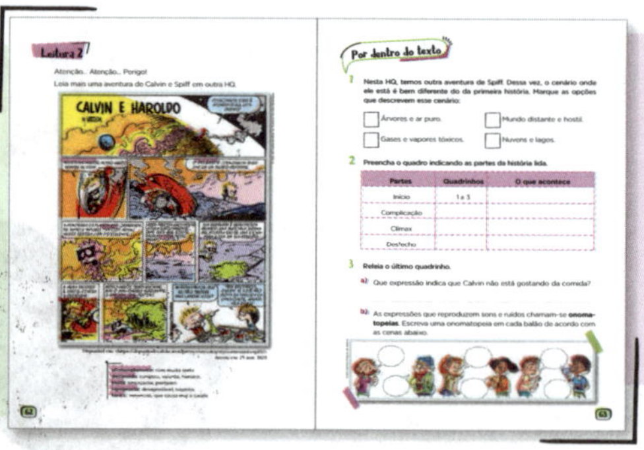

POR DENTRO DO TEXTO

Aqui você encontra atividades de compreensão do texto e exploração das características do gênero textual.

PRODUÇÃO RELÂMPAGO

Uma atividade de produção breve, para ser realizada no próprio livro.

VOCÊ EM AÇÃO

Esta seção encerra o item. Nela você encontra uma proposta de produção de texto, com instruções passo a passo.

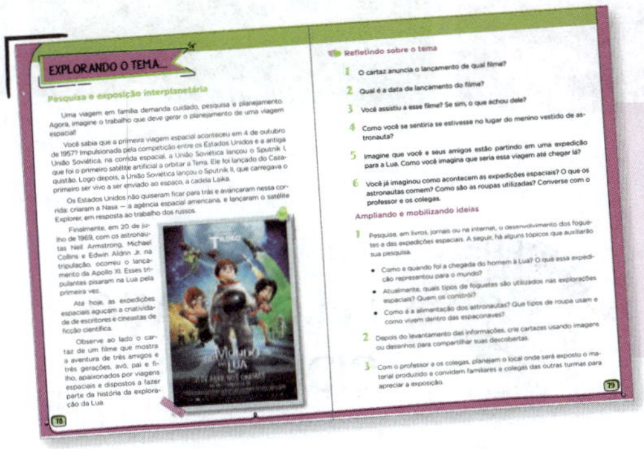

EXPLORANDO O TEMA...

Esta seção aborda temas variados para você refletir, ampliar seu conhecimento e discutir suas ideias.

SAIBA MAIS

Boxe com curiosidades e dicas sobre o conteúdo estudado.

QUEM É?

Boxe com informações sobre autores e artistas.

AMPLIANDO O VOCABULÁRIO

Você encontra no texto algumas palavras destacadas e o significado delas na mesma página. Assim, você amplia seu vocabulário.

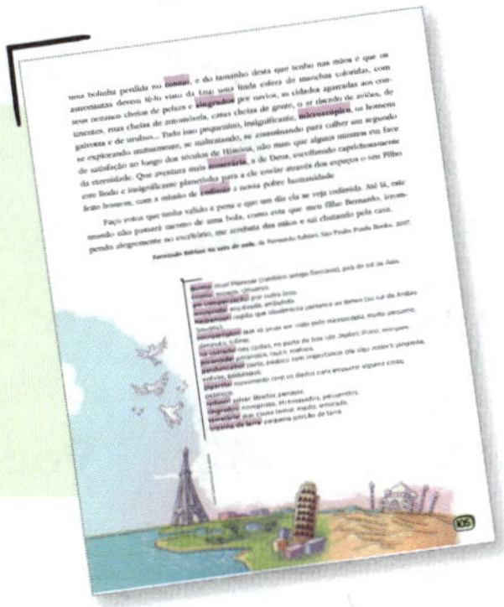

SUGESTÕES PARA O ALUNO

No final do livro, você encontra indicações de livros, *sites*, filmes e CDs para complementar seus estudos.

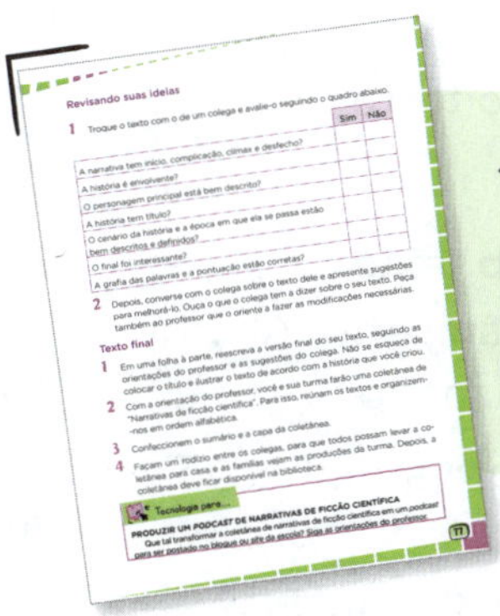

TECNOLOGIA PARA...

Este boxe apresenta atividades, informações e dicas que envolvem o uso da tecnologia.

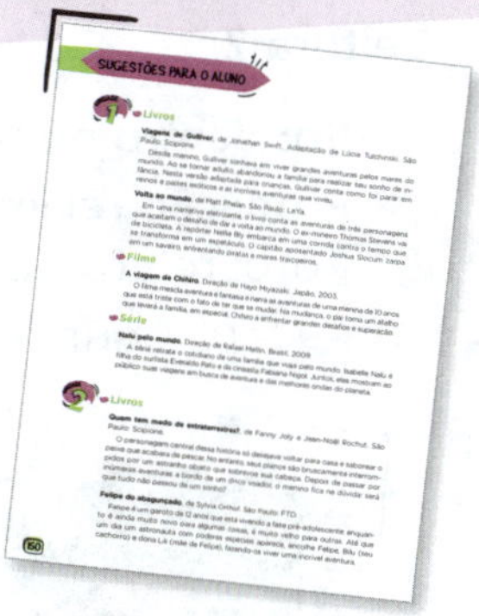

Quando você encontrar estes ícones, fique atento!

Atividade em dupla

Atividade em grupo

Atividade oral

Atividade no caderno

SUMÁRIO

Monkey Business Images/Shutterstock

UNIDADE 1

VAMOS VIAJAR?

Entre nesta roda

- Como a família da imagem parece se sentir? Por quê?
- Para que lugar você acha que a família está indo?
- Que outros meios de transporte, além do carro, podem ser utilizados em viagens?
- Você e sua família costumam viajar? Como as viagens são organizadas?

Marcos de Mello/Arquivo da editora

Nesta Unidade vamos estudar...

- Relato de viagem
- Roteiro turístico
- Anúncio publicitário

1 RELATO DE VIAGEM

Leitura 1

As irmãs Laura, Marininha e Tamara, filhas do navegador Amyr Klink, fizeram com a família uma viagem radical a um dos lugares mais frios do planeta: a Antártica!

Ao voltarem para casa, decidiram fazer um relato da viagem contando todos os detalhes dessa aventura. Leia agora um capítulo do livro **Férias na Antártica**, no qual elas relatam uma parte dessa viagem.

Chegamos?

Quando deixamos a América do Sul rumo à Antártica, passamos pelo extremo sul do continente americano, o famoso Cabo Horn. A partir dali, navegamos pelo Estreito de Drake. Com muito mar pela frente, estamos sempre acompanhados por muitas aves marinhas, principalmente petréis e albatrozes.

Imagem de satélite mostrando o cabo Horn, o estreito de Drake e parte do continente antártico.

Conforme nos aproximamos da Antártica, a água vai esfriando, ficando mais **densa** e o alimento começa a ficar mais **concentrado**, atraindo um número maior de animais. É como se entrássemos num enorme carrossel de animais e *icebergs* que flutuam em volta do continente antártico. Esse **cinturão** azul que abraça o continente é chamado de Convergência Antártica. Ali sabemos que estamos mais perto do nosso destino do que de casa, e temos a sensação de que a viagem dos nossos sonhos está acontecendo.

cinturão: círculo, extensão, linha de terra, água ou fogo (no caso, de mar e gelo) que circunda determinado local ou região do planeta.
concentrado: compacto, aglomerado, reunido.
densa: espessa, grossa; concentrada, condensada.

Depois de cruzarmos o Drake — que é a parte chata porque todo mundo passa mal no barco —, nossa ansiedade aumenta ainda mais. Alguns sinais indicam que finalmente estamos chegando: não vemos mais albatrozes no céu, sentimos o vento gelado no rosto e não dá mais para ir do lado de fora sem luvas e gorros. Começamos a ver grupos de pinguins saltando para fora da água e focas se exibindo no mar.

Quando nosso pai diz que já é possível encontrar um *iceberg* no caminho, a gente fica mais tempo do lado de fora do barco fazendo companhia para ele no frio. Achamos que ele gosta de sentir frio. Nós gostamos só um pouquinho e logo queremos voltar para o calor da cabine. Mas como esse é um momento especial, temos um combinado no barco: quem avistar o primeiro *iceberg* da viagem ganha um prêmio. Assim a gente sente coragem de ficar mais tempo no frio!

Férias na Antártica, de Laura, Tamara e Marininha Klink.
São Paulo: Grão Editora, 2010.

Marina Klink/Acervo pessoal

As irmãs Marininha, Laura e Tamara Klink ao lado de um pinguim-papua na Antártica.

Por dentro do texto

1 Em sua opinião, quais preparativos a família de Laura, Tamara e Marininha deve ter feito para a viagem à Antártica?

....

....

....

....

2 Faça uma linha ligando o trajeto que as meninas e sua família fizeram entre a América do Sul e a Antártica.

Banco de imagens/Arquivo da editora

3 Entre a América do Sul e a Antártica, os viajantes passaram por dois lugares. Quais são esses lugares?

....

....

4 Depois de passarem pelo estreito de Drake, a família teve a companhia de que animais?

....

....

5 O que acontece com a água conforme se aproximam da Antártica?

....

....

6 Por que aparecem mais animais à medida que o barco vai se aproximando da Antártica?

....

....

7 Observe o mapa ao lado, de uma região mencionada no relato. Que região é essa?

....

....

....

....

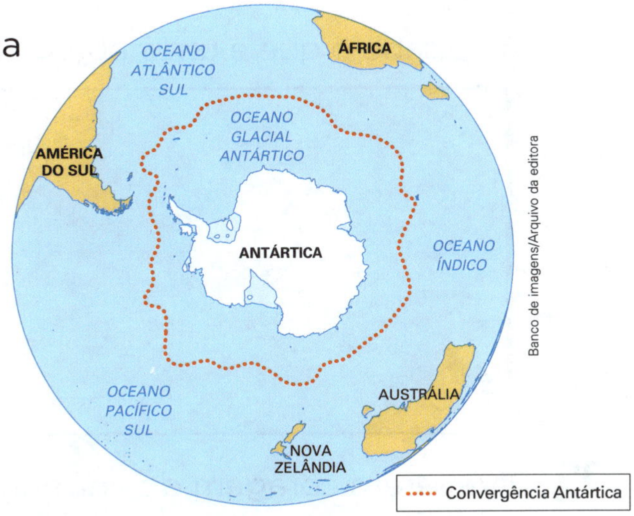

Banco de imagens/Arquivo da editora

Os **relatos de viagem** são textos nos quais são narradas as experiências vividas em uma viagem. Os passeios feitos, os lugares que foram conhecidos, as curiosidades descobertas sobre a cultura e a culinária podem ser descritos em textos como esse.

8 Por que o cruzamento do estreito de Drake é a parte mais chata da viagem?

....

....

9 Quais são os sinais de que as meninas finalmente estão chegando à Antártica?

....

....

....

....

10 À medida que vão chegando, as meninas avistam focas e pinguins. O que esses grupos de animais estão fazendo?

....

....

11 Você sabe o que é um *iceberg*? No espaço abaixo, desenhe-o.

12 Para terem coragem de enfrentar o frio, as meninas fazem um combinado. Qual é esse combinado?

....

....

13 Durante a viagem, as meninas devem ter tido vários sentimentos. Escreva abaixo os momentos em que elas devem ter sentido:

a) surpresa: ....

....

b) medo: ....

....

c) ansiedade: ....

....

d) alegria: ....

....

Produção relâmpago ⇉ Cartão-postal

O cartão-postal é um tipo de correspondência usado para mostrar ao destinatário as belezas do local visitado pelo remetente. É composto de dois lados: a frente, com alguma imagem do lugar, e o verso, onde o remetente escreve sua mensagem e o endereço do destinatário.

Lisovskaya Natalia/Shutterstock

Imagine que você também esteja viajando para a Antártica e queira contar a um amigo as suas primeiras impressões sobre o lugar.

Para isso, você vai fazer um cartão-postal. Siga as instruções:

1. Recorte um retângulo de cartolina (medida: 10 cm × 15 cm).
2. Selecione uma imagem da Antártica que vai representar o lugar de origem do cartão-postal.
3. Cole essa imagem na frente do cartão.
4. Desenhe as linhas do verso do cartão, assim como o retângulo onde se cola o selo.
5. Escreva uma mensagem curta contando como é a Antártica e o que você está achando do lugar.
6. Faça a despedida e assine o cartão-postal.

Leitura 2

Viagens costumam ser cheias de surpresas e descobertas e se tornam inesquecíveis se a família toda vai junto!

Leia a seguir mais um relato de viagem.

Aventura em família

Quem disse que férias com os filhos são sempre sinônimo de hotel-fazenda, casa de praia ou parques da Disney? Conheça histórias de passeios ousados e cheios de descobertas para fazer com as crianças

João e Julia em...

A grande Expedição Tapajós

Canoa de pescadores e barco na beira do rio Tapajós.

"No ano passado, eu, minha família e um grupo de amigos ficamos uma semana dentro de um barco navegando pela Amazônia. Meus filhos João e Julia tinham 10 e 8 anos, respectivamente. Além de presenciar o encontro dos rios Negro e Solimões, nadamos em igarapés (riachos na floresta), pescamos piranhas, vimos botos e jacarés. Apelidamos nossa aventura de Expedição Tapajós, nome do rio que trilhou a maior parte do nosso percurso. Visitar as comunidades ribeirinhas aproximou nossas crianças de outra realidade. Percebemos o valor da vida na floresta e como seus moradores usam os recursos naturais. No barco (Tupaiú, o melhor da região) havia uma boa estrutura: cinco cabines, três suítes, duas cozinheiras, marinheiros e guias."

(Juliana Kappáz Sabbag Scanavini, 41 anos, administradora, mãe de João e Julia)

+ Dicas:

Guias: Prefira os nativos da região: eles enriquecem a viagem com observações de quem cresceu no lugar.

Saúde: A vacina contra a febre-amarela é obrigatória a partir dos 9 meses de idade e deve ser tomada pelo menos dez dias antes de chegar ao destino. [...]

Aventura em família, de Carolina Vasone. **Claudia**. São Paulo: Abril, ano 54, n. 7, jul. 2015.

expedição: viagem em grupo.

Por dentro do texto

1 O texto apresenta:

☐ o relato de uma mãe que viajou com seus filhos.

☐ o relato de crianças que viajaram sozinhas.

- Como você concluiu isso? Justifique com um trecho do texto.

....

....

2 Onde foi publicado o texto?

....

3 Como é o nome da repórter que escreveu o texto?

....

4 Qual é o meio de transporte utilizado na viagem?

....

5 Onde foi feita essa viagem?

....

6 Releia este trecho:

Apelidamos nossa aventura de Expedição Tapajós [...]

- Por que foi escolhido esse nome?

....

....

7 Entre as várias atividades feitas durante a viagem descrita no texto, qual chamou mais a sua atenção? Por quê?

8 **Comunidades ribeirinhas** são povoados formados às margens de rios. Os habitantes dessas comunidades têm como principal atividade a pesca. Além disso, cultivam pequenos roçados para consumo próprio.

Ilustra Cartoon/Arquivo da editora

- Agora, releia o trecho a seguir e, depois, responda à questão.

  Visitar as comunidades ribeirinhas aproximou nossas crianças de outra realidade.

  Que outra realidade as crianças presenciaram durante a viagem?

  ....

  ....

9 O texto dá duas dicas para quem quer fazer a mesma viagem. Quais são essas dicas?

....

....

10 Releia:

Prefira os nativos da região [...]

- A palavra **nativos** significa:

☐ professores da região.	☐ crianças da região.
☐ habitantes da região.	☐ turistas da região.

11 Se você pudesse escolher um lugar para viajar com sua família, para onde iria? Por quê?

....

....

VOCÊ EM AÇÃO

Relato de viagem

Você leu o relato de viagem que Laura, Marininha e Tamara fizeram sobre a Antártica. Leu também o relato que Juliana fez sobre a viagem à Amazônia. Agora é sua vez de fazer um relato de viagem.

> **Objetivo da produção**: produzir um relato de viagem.
>
> **Público-alvo:** colegas da turma.

Planejando suas ideias

Responda às seguintes perguntas.

1ª parte

a) Para onde você viajou?

....

b) Com quem você viajou?

....

c) Que preparativos foram necessários para a viagem?

....

....

d) Qual foi o meio de transporte utilizado?

....

e) Você já tinha ouvido falar sobre esse lugar? Ficou empolgado com a viagem?

....

....

2ª parte

a) Como foi a viagem de ida?

....

....

b) Quando você chegou ao seu destino, quais foram suas primeiras impressões do lugar?

....

....

c) Como era a natureza do lugar? E como era o clima?

....

....

d) Que passeios você fez?

....

....

3ª parte

a) O lugar que você conheceu era tão legal quanto você havia imaginado? Por quê?

....

....

b) Do que você mais gostou nessa viagem?

....

....

c) Você gostaria de voltar a esse lugar? Por quê?

....

....

Rascunho

1 Use as linhas a seguir para fazer o rascunho do seu texto.

2 Utilize suas respostas da 1ª parte para fazer os dois primeiros parágrafos do relato. As respostas da 2ª parte serão a base para o terceiro e o quarto parágrafos do texto. Conclua seu relato com as respostas da 3ª parte.

3 Seu relato deve ser escrito na 1ª pessoa do singular (eu) e/ou na 1ª pessoa do plural (nós).

4 Dê um título chamativo ao seu relato.

....

(título)

....

....

....

....

....

....

....

....

....

....

....

....

....

....

Revisando suas ideias

Troque seu relato com o de um colega, para que um leia o texto do outro. Siga o quadro abaixo.

	Sim	Não
O relato de viagem ficou interessante e envolvente?		
Quem ler o texto vai ficar com vontade de fazer uma viagem igual à que foi relatada?		
A grafia das palavras e a pontuação estão corretas?		
As orientações do planejamento foram seguidas?		
O relato tem título?		
O texto foi escrito em 1ª pessoa?		

Texto final

1 Em uma folha à parte, reescreva a versão final do seu relato fazendo as modificações que forem necessárias. Se quiser, ilustre-o com desenhos, recortes, colagens ou fotos do lugar que você visitou. Não se esqueça de assinar o relato.

2 Leia para a turma seu relato de viagem. Ouça com atenção os relatos de viagem dos colegas.

3 Depois, façam um painel ou mural com todos os relatos de viagem produzidos pela turma.

4 Caso a classe tenha um blogue ou um jornal na escola, vocês poderão fotografar ou filmar o painel e publicar esse material.

Ilustra Cartoon/Arquivo da editora

2 ROTEIRO TURÍSTICO

Leitura 1

Planejar uma viagem é essencial para que ela corra bem. E um bom começo para organizar a viagem é pesquisar roteiros turísticos.

Leia o texto a seguir.

https://viagemeturismo.abril.com.br/materias/recife-e-olinda-para-criancas/

Recife e Olinda para crianças

Praia, museus e centros culturais para se divertir com os pequenos

Por Natascha Perin

3 ago 2017

[...]

A capital de Pernambuco tem uma vida cultural intensa, com bons museus, centros culturais, parques, praias, arquitetura colonial inspiradora e uma mistura de ritmos do **maracatu** ao **manguebeat**. A apenas 7 quilômetros de carro está Olinda, com suas famosas ladeiras que respiram arte e história. E por que não curtir a dupla Recife e Olinda com as crianças? Conheça as atrações imperdíveis nas duas cidades para se divertir com a família.

Hans von Manteuffel/Pulsar Imagens

Maré baixa na praia de Boa Viagem, no Recife.

A atração: Instituto Ricardo Brennand

As crianças vão se sentir em um verdadeiro conto de fadas medieval ao entrar no imponente Castelo São João, no Instituto Ricardo Brennand. Estão expostas mais de três mil peças entre armaduras, espadas, lanças e escudos **oriundos** da Ásia, Europa, América e África. Do lado de fora, os pequenos podem correr e brincar em uma imensa área verde e visitar o jardim de esculturas, com uma obra assinada por **Fernando Botero**.

Passeio para toda a família

Acorde cedo e aproveite um belo dia de sol na melhor praia de Recife: Boa Viagem. Procure um lugar para esticar a canga e brincar com a criançada na altura do número 3 200, onde há um trecho largo e de areia fofa. O mar, de tons azul e verde, é um convite para se refrescar, principalmente na maré baixa, quando formam as piscinas naturais. Mas, atenção: jamais ultrapasse a barreira de recifes. Placas espalhadas por toda a **orla** alertam risco de ataque de tubarões. O calçadão dispõe de uma boa infraestrutura, com várias opções de quiosques, banheiros públicos e 9 quilômetros de ciclovia.

Comidinhas infalíveis

As receitas da cozinha nordestina, que contém ingredientes como carne de bode, buchada, paçoca e carne-de-sol, podem não agradar o paladar das crianças. Aposte em restaurantes que oferecem cardápios para os pequenos, além de bufês com boa variedade de alimentos saudáveis. [...]

Disponível em: <http://viagemeturismo.abril.com.br/materias/recife-e-olinda-para-criancas>. Acesso em: 6 jan. 2020.

Fernando Botero: artista plástico colombiano que se consagrou pintando e esculpindo personagens corpulentos.
manguebeat: movimento cultural surgido no Recife que mistura ritmos regionais, como o maracatu, ao *rock, hip-hop, funk rock* e à música eletrônica.
maracatu: ritmo (de música e dança) tradicional do Nordeste brasileiro, mais presente no Recife e em Olinda (Pernambuco).
oriundo: originário; que vem ou provém de; procedente, natural (de algum lugar).
orla: margem, beira, bordo; litoral; faixa de praia; calçadão (da praia).

Por dentro do texto

1 O texto traz informações sobre quais cidades?

....

2 Em qual estado e em qual região ficam essas cidades?

....

3 A qual público é dirigido o roteiro? Escreva um trecho que justifique sua resposta.

....

....

....

O **roteiro turístico** é um texto que apresenta informações sobre determinado lugar e mostra as principais atrações para se conhecer.

4 Releia o trecho:

A capital de Pernambuco tem uma **vida cultural intensa** [...]

- Que atrações fazem parte da vida cultural de uma cidade?

....

....

....

5 Quais atrações culturais são citadas no texto?

....

....

6 Que atividades culturais são oferecidas na cidade onde você mora? Converse com os colegas e o professor.

7 Releia este trecho:

Conheça as atrações **imperdíveis** nas duas cidades [...]

- Agora, responda: Uma atração imperdível é aquela que:

- [ ] não se pode perder.
- [ ] não se pode ver.
- [ ] não se pode esquecer.
- [ ] não se pode entender.
- [ ] não se pode deixar de conhecer.

8 O roteiro dá duas dicas de passeios para fazer com a família. Quais são elas?

....

....

9 O texto alerta sobre um perigo que os turistas podem correr ao visitar a praia de Boa Viagem. Que perigo é esse?

....

10 Qual é a recomendação feita quanto à alimentação das crianças? Você acha essa recomendação importante? Por quê?

....

....

....

11 Você acha que faltou alguma informação importante no roteiro? Qual?

....

....

....

....

Leitura 2

Leia a seguir um roteiro turístico da cidade de São Paulo, na medida para quem vai passar poucos dias nela, mas com diversas atrações para se divertir.

https://viajando.expedia.com.br/roteiro-sao-paulo/

Roteiro São Paulo: 3, 5 e 7 dias

[...]

São Paulo em 3 dias

São Paulo é a maior cidade do Brasil e uma das maiores do mundo. Além de ser o centro financeiro da América do Sul, a capital paulista também conta com diversas atrações em termos de parques, cultura, esporte, história e entretenimento. Considerando a extensão da cidade, fazer uma programação bem planejada com roteiros turísticos para um passeio curto pela cidade, como um final de semana ou três dias, é obrigatório. Dessa forma, você pode consultar aqui as melhores alternativas sobre o que fazer em São Paulo durante a sua estadia.

Um dos pontos turísticos mais famosos, e parada obrigatória para quem quer conhecer um pouco da história e cultura paulista, é o Museu de Arte de São Paulo Assis Chateaubriand (Masp), localizado na movimentadíssima Avenida Paulista. O museu é aberto à visitação de terça a domingo, com **entrada franca** nas terças-feiras. O acervo permanente possui mais de oito mil peças que integram o **Patrimônio Histórico Nacional**. Saindo do museu, você está na Avenida Paulista, que fica no coração da maior cidade brasileira. Aproveitando a sua localização, você ainda pode visitar o Parque Tenente Siqueira Campos, que fica em frente ao Masp. No mesmo dia, você pode aproveitar para fazer compras na região no

Andre Luiz Moreira/Shutterstock

Museu de Arte de São Paulo Assis Chateaubriand (Masp).

Conjunto Nacional, um centro comercial que fica aberto até tarde da noite. Se sobrar tempo, você ainda pode ir até o Mercado Municipal, que abre bem cedo e funciona até de tardezinha, além da rua 25 de Março e o Metrô São Bento.

No seu segundo dia na capital paulista você pode ir até o famoso Parque Ibirapuera. Essa é a principal opção de lazer e é uma excelente escolha para passeio se você está fazendo uma viagem em família, com filhos, ou até mesmo com o seu amor, afinal, é ótimo andar de mãos dadas vendo a ampla área verde e os lagos espalhados pela região. Além disso, o parque conta com áreas para atividade física, quadras de esportes e *playgrounds* para as crianças. Lá também fica o Museu Afro Brasil onde é possível admirar as origens que registram a trajetória histórica e as influências africanas na construção da sociedade brasileira e o Museu de Arte Moderna, que funciona desde 1948. No museu, você encontra mais de mil obras de **arte contemporânea**, além de poder visitar o pavilhão da Bienal. Dependendo da época do ano, você pode ainda aproveitar um dos diversos eventos realizados no museu.

E, claro, você não pode deixar a capital paulista sem conhecer a Estação da Luz e o centro histórico da cidade. A Estação da Luz foi aberta em 1901 e as estruturas foram trazidas da Inglaterra. Nos finais de semana você pode fazer uma visita monitorada, que dura cerca de uma hora, passando pelos pontos históricos e arquitetônicos do local. Na região você encontra diversos museus, entre eles o Museu de Arte Sacra, que está recheado de história e reúne as mais importantes relíquias coloniais que influenciaram a cultura e marcaram a história da cidade e do mundo [...] e a Pinacoteca do Estado, que conta com um acervo de mais de nove mil peças. [...].

Disponível em: <https://viajando.expedia.com.br/roteiro-sao-paulo/>. Acesso em: 6 jan. 2020.

arte contemporânea: arte produzida a partir da década de 1960, que mistura diferentes linguagens, como dança, música, pintura, etc.
entrada franca: entrada gratuita.
Patrimônio Histórico Nacional: propriedade protegida e preservada pelo governo.

Por dentro do texto

1 De acordo com o texto, que atrações há em São Paulo?

....

....

2 Quais são as características dadas à cidade de São Paulo?

....

....

....

3 Segundo o texto, qual é a parada obrigatória para quem quer conhecer um pouco da história e da cultura paulista?

- [ ] Parque Ibirapuera.
- [ ] Museu de Arte Sacra.
- [ ] Pinacoteca do Estado.
- [ ] Museu de Arte de São Paulo Assis Chateaubriand (Masp).

4 O roteiro apresenta dicas para quantos dias de passeio em São Paulo?

....

5 Para que serve um roteiro de viagem?

....

....

6 Qual é o primeiro passeio indicado para o segundo dia do roteiro?

....

7 Qual lugar o texto sugere para fazer compras?

....

8 Explique o significado das palavras destacadas no seguinte trecho:

Na região você encontra diversos museus, entre eles o Museu de Arte Sacra, que está **recheado** de história e reúne as mais importantes **relíquias** coloniais que **influenciaram** a cultura e marcaram a história da cidade e do mundo.

....

....

....

9 Quais museus são citados no texto? Você já visitou algum deles?

....

....

....

....

10 O texto fala do acervo de três museus. Quais? Qual é a quantidade de peças de cada um?

....

....

....

11 Segundo o texto, conhecer a Estação da Luz é uma atividade:

☐ imperdível. ☐ desnecessária. ☐ sem importância.

12 Uma cidade pode ter atrações de vários tipos. Escreva as atrações culturais, de entretenimento e gastronômicas citadas no texto.

....

....

....

Produção relâmpago — Texto informativo

1 Você vai produzir um texto informativo sobre uma cidade que queira conhecer. Para isso, pesquise na internet:

- em que estado, região e país fica a cidade;
- quantos habitantes possui;
- quais são seus pontos turísticos mais famosos;
- por que vale a pena visitar essa cidade.

2 Em uma folha avulsa, faça um rascunho do seu texto com as informações pesquisadas.

3 No espaço a seguir, reescreva seu texto, não se esquecendo de dar um título a ele e de deixar espaço no início dos parágrafos.

....

(título)

....

....

....

....

....

....

....

....

....

....

....

VOCÊ EM AÇÃO

Roteiro turístico

Você já sabe que um roteiro turístico é um texto que apresenta as atrações turísticas de um lugar. É hora, então, de elaborar um roteiro turístico para outras crianças! Não se esqueça: sua tarefa é cativar os leitores para que eles tenham vontade de visitar o lugar.

Objetivo da produção: produzir um roteiro turístico e organizar um "Guia turístico para crianças".

Público-alvo: alunos da escola, professores, familiares e responsáveis.

Planejando suas ideias

1 Na seção **Produção relâmpago**, você pesquisou e elaborou um texto informativo sobre uma cidade que quer conhecer. Agora, reflita:

- Por que você quer conhecer essa cidade?
- O que essa cidade tem que chamou a sua atenção?
- Você acha que outras crianças também gostariam de conhecê-la?
- Que informações as pessoas deveriam ter antes de visitá-la?

2 Crie uma frase convidando o leitor a visitar a cidade. Você deve deixar o leitor com vontade de conhecê-la! Use palavras como: **venha**, **divirta-se**, **viaje**, **visite**.

....

3 Escolha três atrações turísticas da cidade e descreva cada uma delas. Procure indicar atrações diversas: culturais, gastronômicas e esportivas, por exemplo. Escreva por que o leitor não deve perder esses passeios. Use palavras e expressões como: **não deixe de ir**, **não perca**, **conheça**, **explore**, **aproveite**.

....

....

....

4 Use as informações obtidas na pesquisa feita na internet: nome de parques, cinemas, teatros, museus, monumentos históricos, praças, clubes, centros de compra, passeios ecológicos ou até mesmo o alerta sobre algum perigo na região. Por exemplo: área de vulcões, terremotos ou avalanches; presença de tubarões na praia, etc.

5 Selecione imagens para compor seu roteiro turístico.

Rascunho

Use as linhas a seguir para fazer o rascunho de seu texto. Dê um título bem chamativo ao roteiro turístico.

(título)

Revisando suas ideias

1 Troque o texto com o de um colega para que ele avalie seu roteiro. Você vai avaliar a produção dele seguindo o quadro abaixo.

	Sim	Não
O roteiro turístico apresenta atrações diversificadas da cidade: culturais, de entretenimento, gastronômicas, esportivas?		
O roteiro pode atrair possíveis visitantes para a cidade apresentada?		
O roteiro tem título?		
A grafia das palavras e a pontuação estão corretas?		
Ao ler o roteiro, você ficou com vontade de conhecer a cidade apresentada?		

2 Quando receber o texto de volta, peça auxílio ao professor para melhorá-lo.

Texto final

1 Em uma folha à parte, reescreva a versão final do seu roteiro fazendo as correções que forem necessárias.

2 Ilustre seu roteiro turístico com fotos, recortes, colagens ou desenhos dos pontos turísticos mais importantes do lugar.

3 Não se esqueça de assinar seu trabalho.

yu-jas/Shutterstock

Jakub Barzycki/Shutterstock

Cassiohabib/Shutterstock

Guia turístico para crianças

Agora, vamos organizar o **Guia turístico para crianças** reunindo todos os roteiros turísticos que vocês produziram.

O **guia turístico** é um livro que reúne vários roteiros para ajudar os turistas a escolher suas viagens.

Orientações para a confecção do Guia turístico

1 Com a ajuda do professor, você e os colegas devem reunir os roteiros seguindo a ordem alfabética pelos nomes das cidades. Exemplos: **A**racaju, **Ba**rcelona, **Be**lo Horizonte, **C**ampinas, **Londre**s, **Londri**na, etc.

2 Em seguida, numerem as páginas dos roteiros que vão compor o guia.

3 Em uma folha avulsa, façam o sumário do guia. O sumário deve apresentar o número da página em que cada roteiro está: cidade por cidade. Vejam um exemplo de sumário:

SUMÁRIO	
Cidades brasileiras	Cidades estrangeiras
Aracaju.......... 3	Barcelona.......... 11
Belo Horizonte.......... 5	Londres.......... 13
Campinas.......... 7	Nova York.......... 15
Londrina.......... 9	Paris.......... 17

4 A página do sumário deve ser colocada no início do guia.

5 Façam a capa com cartolina ou papel mais grosso. A capa pode ser ilustrada (ou pode ser feita uma montagem) com várias imagens.

6 Escrevam o título: **Guia turístico para crianças**.

7 Grampeiem as folhas com a capa ou levem-nas a uma papelaria para fazer a encadernação.

8 Façam um rodízio com o guia, para que a cada dia um aluno o leve para casa, para mostrá-lo à família.

9 Depois, o guia pode ser entregue à biblioteca, para que fique arquivado e possa ser utilizado, no futuro, como material de consulta por outros alunos.

3 ANÚNCIO PUBLICITÁRIO

Leitura 1

Você já viu algum anúncio que promovia o turismo? Qual era o lugar apresentado no anúncio? Você acha que esse tipo de anúncio provoca no leitor vontade de conhecer o lugar?

Observe os anúncios, que incentivam as pessoas a viajar pelo Brasil.

Reprodução/Ministério do Turismo

Ministério do Turismo. Brasil, 2014.

Por dentro do texto

1 Que cores predominam nos anúncios? Explique a escolha dessas cores.

....

....

2 Qual é o objetivo desses anúncios?

....

....

O **anúncio publicitário** é um texto que tem como objetivo convencer as pessoas a comprar um produto ou serviço ou a adotar determinado comportamento. Ele geralmente é composto por texto verbal e não verbal.

3 Qual é a diferença entre os dois anúncios?

4 Que relação existe entre as palavras **cultura** e **esporte** e as imagens dos anúncios?

5 Que pessoas esses anúncios pretendem atingir?

....

....

....

6 Identifique nos anúncios símbolos que são utilizados nas redes sociais.

....

7 Os anúncios apresentam a forma verbal **partiu**. Qual é o sentido dessa palavra no texto?

....

Leitura 2

Nosso país tem lindas praias, cidades históricas, grandes florestas e modernas metrópoles. Mas será que os brasileiros conhecem bem o Brasil?

Ministério do Turismo. Brasil.

Por dentro do texto

1 Quem produziu esse anúncio?

....

2 Releia a pergunta feita no anúncio:

Onde fica esta praia na qual você não esquenta a cabeça nem embaixo de um sol de meio-dia?

- Qual é o significado da expressão "não esquenta a cabeça" no anúncio?

....

3 Preencha o quadro abaixo com os elementos e as características deles presentes no anúncio. Veja o exemplo.

Elementos	Características
céu	azul
nuvens	....
água	....
peixes	....
....	de velas amarelas
árvores/coqueiros	....

4 Quais sensações a imagem do anúncio transmite?

☐ tranquilidade ☐ solidão

☐ confusão ☐ paz

5 Que mensagem o anúncio pretende transmitir com essa imagem?

....

....

6 Releia este trecho:

> Se você é brasileiro e não sabe a resposta, está na hora de conhecer melhor o Brasil.

- O anúncio faz um convite. Qual? Para quem?

....

7 Releia as opções de respostas para a pergunta feita no anúncio.

A ( ) Ilhabela, SP

B ( ) Maragogi, AL

C ( ) São Luís, MA

D ( ) Porto de Galinhas, PE

- Qual é a resposta correta? Localize-a no anúncio e, depois, assinale-a no espaço acima.

8 No anúncio há duas frases em letras maiúsculas. Identifique-as e explique-as.

....

....

....

Produção relâmpago

Foto: relato de memória

1 Uma das formas de fazer com que uma viagem dure "para toda a vida" é fotografar o lugar visitado. Escolha uma foto de uma viagem que você tenha feito para algum lugar do Brasil e cole-a no espaço abaixo.

2 Em seguida, escreva um relato de memória sobre ela, ou seja, um pequeno texto com as seguintes informações: O que aparece na sua foto? Onde e quando ela foi tirada? Quantos anos você tinha nessa ocasião? Com quem você viajou? Você gostou da viagem?

VOCÊ EM AÇÃO

Anúncio publicitário

Nos anúncios que você leu, o objetivo era fazer com que as pessoas viajassem pelo Brasil. Veja, abaixo, um outro exemplo de anúncio publicitário que incentiva o leitor a viajar.

Reprodução/Ministério do Turismo

Ministério do Turismo. Brasil, 2015. Disponível em: <http://www.turismo.gov.br/images/pdf/viva_de_perto/mt_ad_festa.pdf>. Acesso em: 24 mar. 2020.

Agora, você vai produzir um anúncio publicitário dirigido às crianças para tentar convencê-las a conhecer a cidade sobre a qual você fez o roteiro turístico.

Objetivo da produção: produzir um anúncio publicitário e expor em um "Varal de anúncios turísticos".

Público-alvo: alunos da escola, professores, familiares e responsáveis, parentes e amigos.

Planejando suas ideias

1 Retome o roteiro turístico que você produziu na seção **Você em ação** anterior. Responda às seguintes questões:

- Um anúncio é composto de textos e imagens. Que textos você vai colocar em seu anúncio? E que imagens?

....

....

- Que características da cidade você acha que vão chamar a atenção das crianças?

....

- Que temas você poderá abordar no anúncio: aventura, esporte, arte, história, gastronomia, diversão?

....

- Que palavras você vai utilizar para descrever as atrações da cidade?

....

2 Crie uma pequena frase convidando as crianças a conhecer a cidade.

....

....

3 Escreva pequenos textos indicando três atrações interessantes que as crianças, em sua opinião, poderiam gostar de conhecer.

....

....

....

....

4 Escolha uma imagem bem chamativa para compor seu anúncio. Você também pode desenhar ou fazer uma colagem de várias fotos.

Rascunho

Depois de planejar e organizar as ideias, é o momento de escrever o anúncio. Siga as instruções.

- Na parte superior do anúncio, e em destaque, escreva a pequena frase elaborada na atividade de planejamento.
- A parte central pode ficar reservada para ilustrações ou fotos.
- Na parte inferior, você pode inserir os três textos que destacam atrações da cidade, elaborados no planejamento.

Revisando suas ideias

Troque o texto com o de um colega e faça a avaliação seguindo o quadro abaixo.

	Sim	Não
A frase inicial convida as crianças a conhecer a cidade?		
As imagens selecionadas são de lugares bonitos e atrativos da cidade?		
Os textos apresentam as atrações turísticas da cidade?		
O anúncio tenta convencer as crianças a visitar a cidade?		
A grafia das palavras e a pontuação estão corretas?		

Texto final

1 Em uma folha à parte, escreva a versão final do anúncio, fazendo as alterações necessárias para melhorá-lo. Se necessário, peça ajuda ao professor.

2 Não se esqueça de colocar sua assinatura na parte inferior do anúncio.

3 Agora, vamos divulgar os anúncios? Organize com o professor e os colegas, em sala de aula (ou em outro local da escola), um "Varal de anúncios turísticos".

4 Vocês podem também fotografar ou filmar o Varal e publicar esse material no blogue da turma ou *site* da escola.

Ilustra Cartoon/Arquivo da editora

UNIDADE 2

PELO ESPAÇO SIDERAL

Entre nesta roda

- Descreva os elementos que compõem a cena. Quais deles se referem à ficção?
- Você reconhece algum dos planetas representados na cena? Qual?
- No universo há outros planetas parecidos com a Terra?

Nesta Unidade vamos estudar...

- Notícia
- História em quadrinhos
- Narrativa de ficção científica

crédito
Marcos de Mello/Arquivo da editora

4 NOTÍCIA

Leitura 1

Faz parte da Astronomia estudar e conhecer as estrelas, os planetas, os cometas e outras galáxias. E você? Gosta de olhar o céu? Leia a seguir uma notícia sobre uma nave caçadora de planetas.

https://g1.globo.com/ciencia-e-saude/noticia/nasa-lanca-nave-cacadora-de-planetas-a-bordo-de-foguete-da-space-x.ghtml

Nasa lança nave 'caçadora de planetas' a bordo de foguete da Space X

*Lançamento será na próxima segunda-feira (16) na Estação da **Força Aérea** de Cabo Canaveral, na Flórida.*

13/04/2018 12h49

A agência espacial americana (Nasa) irá lançar o **satélite** TESS (Transiting Exoplanet Survey Satellite, em inglês) a bordo do foguete Falcon 9 da Space X nesta segunda-feira (16), às 19h32. A nave é o próximo passo para tentar descobrir novos planetas fora do nosso sistema solar (**exoplanetas**).

A TESS é um missão liderada e operada pelo Instituto de Tecnologia de Massachusetts (MIT) e gerenciada pelo Centro Goddard de Voos Espaciais, da Nasa. Além disso, participam mais de uma dúzia de universidades, institutos de pesquisa e observatórios.

Orbital ATK/NASA

TESS é o novo caçador de planetas. Foto: Nasa.

O satélite deverá explorar o universo por dois anos, na busca por milhares de novos exoplanetas. A agência americana vai atrás de estrelas tão brilhantes como o Sol. Acredita-se que a Via Láctea possua cerca de 400 bilhões delas. E se cada estrela não possui apenas um planeta ao redor, mas um sistema inteiro como o nosso?

Câmeras

A TESS tem quatro câmeras, que deverão observar estrelas de 30 a 100 vezes mais brilhantes que as encontradas pelo **Kepler**. As observações deverão tentar medir a massa, o tamanho, a densidade e as propriedades atmosféricas dos novos exoplanetas. Como sempre, as agências espaciais buscam pistas por vida fora da Terra.

Depois dessa missão, outro satélite será lançado: em 2020, o avançado telescópio espacial James Webb (JWST) usará o catálogo que deverá ser criado pela TESS para aprofundar os conhecimentos sobre exoplanetas.

Nasa lança nave 'caçadora de planetas' a bordo de foguete da Space X. **G1**. 13 abr. 2018. Disponível em: <https://g1.globo.com/ciencia-e-saude/noticia/nasa-lanca-nave-cacadora-de-planetas-a-bordo-de-foguete-da-space-x.ghtml>. Acesso em: 8 jan. 2020.

exoplaneta: planeta que não pertence ao Sistema Solar; que orbita outras estrelas.
Força Aérea: área encarregada de cuidar e proteger o espaço aéreo de uma nação.
Kepler: telescópio espacial, construído e lançado no espaço pela Nasa, que busca por planetas em nossa galáxia.
satélite: corpo celeste que gravita em torno de um outro corpo, o principal. Pode ser natural ou artificial.

Saiba mais

Via Láctea

O planeta Terra está inserido em um grupo de planetas que orbitam em torno do Sol. Esse conjunto se chama Sistema Solar, que por sua vez faz parte de uma galáxia: a Via Láctea. A galáxia recebeu esse nome dos gregos antigos, que a viam como um "caminho de leite no céu". Vista de longe, parece uma faixa brilhante em espiral recortada por nuvens e estrelas.

Alex Mit/Shutterstock

Representação da Via Láctea.

Por dentro do texto

1 Qual é o fato principal relatado na notícia?

....

....

....

2 Qual é o nome do foguete no qual será lançado o satélite TESS?

....

3 Qual é a função do TESS?

....

....

....

As **notícias** são textos, escritos ou orais, que informam as pessoas sobre fatos e acontecimentos ligados à sociedade em geral.

As notícias são publicadas em jornais, *sites* e e outros meios de comunicação e podem tratar de assuntos variados, como esporte, arte, diversão, ciência, política, saúde, tecnologia, etc.

4 As notícias apresentam fatos que:

- [ ] foram imaginados pelo jornalista.
- [ ] realmente aconteceram.

5 Além de jornais e *sites*, onde as notícias costumam ser divulgadas?

....

....

6 Muitas coisas acontecem a todo momento, porém nem todas são notícias. Por quê?

7 Você acha que a notícia relatada no texto é importante? Por quê?

8 As notícias relatam fatos recentes. Em relação ao texto lido, quando ocorreu o fato e quando a notícia sobre ele foi publicada?

....

....

9 Releia o título da notícia. Você acha que ele chama a atenção do leitor? Por quê?

....

....

10 Em geral, as notícias devem responder às perguntas a seguir. Procure na notícia as respostas a estas perguntas e escreva-as.

a) Que fato aconteceu?

....

....

b) Quem participou do fato?

....

c) Quando ocorreu o fato?

....

d) Onde ocorreu?

....

....

e) Como ocorreu?

....

....

f) Por que ocorreu?

....

....

Leitura 2

A notícia lida anteriormente apresentava informações a respeito do lançamento de um satélite no espaço para buscar novos planetas. Você se lembra do nome dele? Acredita que ele tenha feito alguma descoberta? Leia a notícia a seguir para descobrir.

https://g1.globo.com/ciencia-e-saude/noticia/2019/07/29/cientistas-descobrem-tres-novos-planetas-fora-do-sistema-solar-com-ajuda-de-satelite-da-nasa.ghtml

Cientistas descobrem três novos planetas fora do Sistema Solar com ajuda de satélite da Nasa

*Satélite Tess, lançado em abril de 2018, encontrou dois '**sub-netunos**' e uma versão um pouco maior do que a Terra, com solo rochoso.*

29/07/2019 12h00

Goddard Space Flight Center/NASA

Satélite Tess, da Nasa, observa mais de 200 mil estrelas brilhantes em busca de planetas fora do Sistema Solar. Foto: Nasa.

O satélite Tess, o "caçador de planetas" da agência espacial americana (Nasa), encontrou três novos planetas que estão entre os menores detectados fora do Sistema Solar. A descoberta foi publicada nesta segunda-feira (29) pela revista "Nature Astronomy".

O Tess (Transiting Exoplanet Survey Satellite, em inglês) foi desenvolvido pela Nasa em colaboração com o Instituto de Tecnologia de Massachusetts (MIT). Ele observará uma área 20 vezes maior que o seu antecessor, o satélite Kepler. Segundo estimativas da missão, 20 mil novos exoplanetas – termo usado para os que estão fora do Sistema Solar – serão conhecidos e acompanhados por telescópios da Terra.

As novas descobertas mostram mundos com características parecidas com os encontrados no Sistema Solar.

Um dos três exoplanetas é como a Terra, um pouco maior e com uma superfície rochosa, e foi chamado de planeta b. Os outros dois, os planetas c e d, são gasosos e parecidos com **Netuno**, mas com cerca de metade do tamanho. Eles estão localizados a 73 anos-luz de distância.

Sistema 'TOI-2070'

O novo trio está no sistema que recebeu o nome "TOI-2070". Planetas b, c e d têm aproximadamente o mesmo tamanho e, de acordo com os astrônomos do estudo, podem ser um "elo perdido" na formação de planetas, já que têm características da Terra e de Netuno. Eles **orbitam** uma estrela com erupções frequentes e com tempestades como o Sol.

Inicialmente, a descoberta do TOI-270 pelos cientistas causou uma expectativa grande, já que os planetas estão em uma zona com temperatura habitável, com chance de suportar água.

A descoberta de uma **atmosfera** muito espessa, com a criação de um forte efeito estufa, acabou desanimando a equipe. Há, ainda, a esperança de fazer novas descobertas mais "habitáveis".

"O TOI-270 é uma verdadeira Disneylândia para a ciência de exoplanetas e um dos principais sistemas já descobertos pelo Tess", diz Maximilian Günther, do Instituto Kavli de Astrofísica e Pesquisa Espacial do MIT.

Cientistas descobrem três novos planetas fora do Sistema Solar com ajuda de satélite da Nasa. **G1**. 29 jul. 2019. Disponível em: <https://g1.globo.com/ciencia-e-saude/noticia/2019/07/29/cientistas-descobrem-tres-novos-planetas-fora-do-sistema-solar-com-ajuda-de-satelite-da-nasa.ghtml>. Acesso em: 8 jan. 2020.

atmosfera: camada de gases que envolve o planeta Terra.

Netuno: planeta do Sistema Solar.

orbitar: girar em torno.

sub-Netuno: planeta parecido com o planeta Netuno, só que com tamanho menor.

Por dentro do texto

1 Assinale o fato principal relatado na notícia.

- [ ] O desenvolvimento de um satélite pela Nasa.
- [ ] A descoberta de novos planetas no Sistema Solar.
- [ ] A descoberta de três novos planetas fora do Sistema Solar.

2 Releia o título da notícia. É possível identificar o assunto do texto a partir dele? Justifique.

....

....

....

3 Releia o 2º parágrafo da notícia. Que informações sobre o TESS são apresentadas?

....

....

....

4 Onde se localiza o novo trio de planetas descobertos pelo TESS?

....

....

5 Por que a descoberta do TOI-270 criou grande expectativa nos cientistas?

....

....

6 Que informações foram dadas sobre o planeta recém-descoberto e chamado de b?

7 Que expressão é usada no texto para se referir aos novos planetas?

8 A notícia foi publicada no *site* de um jornal *on-line*. Qual é o nome do *site* e a quem ele é dirigido?

9 Releia:

Há, ainda, a esperança de fazer **novas descobertas mais 'habitáveis'**.

- O que o trecho em destaque revela?

10 Por que o TOI-270 é considerado uma verdadeira Disneylândia para a ciência de exoplanetas?

Produção relâmpago → Pesquisando novas descobertas no espaço

Você leu duas notícias sobre pesquisas e descobertas feitas por cientistas da Nasa. São elas:

1. Lançamento do satélite TESS no espaço para buscar novos planetas fora do Sistema Solar.

2. Descoberta de três novos planetas pelo satélite TESS.

Agora, você vai pesquisar novas descobertas do satélite TESS ou de algum outro equipamento espacial utilizado em pesquisas astronômicas. No espaço a seguir, anote as informações obtidas.

VOCÊ EM AÇÃO

Notícia

As notícias científicas são importantes, pois é com base na leitura desses textos que nós nos informamos sobre o trabalho dos cientistas e dos pesquisadores. Agora é sua vez de noticiar!

Objetivo da produção: produzir uma notícia e organizar um mural de notícias para expor na sala de aula.

Público-alvo: colegas da turma.

Planejando suas ideias

Para produzir a notícia, retome as informações que você coletou na seção **Produção relâmpago**. Escolha um dos fatos para redigir seu texto.

Rascunho

1 Escreva o primeiro parágrafo com informações que respondam às seguintes perguntas: Qual fato será noticiado? Onde aconteceu o fato? Quem está envolvido nesse fato? Quando (mês, ano) o fato aconteceu?

2 No segundo e no terceiro parágrafos, apresente explicações e detalhes sobre o fato, ou seja, como a descoberta foi realizada e quais razões a motivaram.

3 Finalize o texto descrevendo alguns benefícios ou consequências dessa descoberta para a humanidade.

4 Crie o título: uma frase curta que resuma o conteúdo da notícia.

5 Crie também um subtítulo: um pequeno texto com informações adicionais a respeito do fato.

Revisando suas ideias

1 Retome as orientações do planejamento para saber se você não se esqueceu de algum detalhe. Avalie seu texto seguindo o quadro abaixo.

	Sim	Não
O título é atrativo e resume o assunto da notícia?		
O subtítulo apresenta outras informações sobre o fato noticiado?		
O texto da notícia informa ao leitor o que aconteceu, quando aconteceu, o lugar e as pessoas envolvidas no fato?		
O último parágrafo apresenta os efeitos da descoberta para a humanidade?		
A grafia das palavras e a pontuação estão corretas?		

2 Peça ao professor que leia seu texto e o oriente sobre como melhorá-lo.

Texto final

1 Em uma folha à parte, reescreva a versão final do seu texto, seguindo as orientações do professor.

2 Não se esqueça de colocar o título, o subtítulo, seu nome e inserir desenhos ou fotos para ilustrar a notícia.

3 Depois, entregue seu texto ao professor, que vai organizar as notícias de todos os alunos para expor em um mural na sala de aula.

Ilustra Cartoon/Arquivo da Editora

5 HISTÓRIA EM QUADRINHOS

Leitura 1

Calvin é um menino inteligente e esperto. Ele adora imaginar que é um cosmonauta chamado Spiff viajando pelo espaço! Vamos conhecer o Calvin e seu herói imaginário lendo uma de suas aventuras.

Disponível em: <https://depositodocalvin.wordpress.com/category/cosmonauta-spiff/>. Acesso em: 25 mar. 2020.

Quem é

Bill Watterson nasceu nos Estados Unidos, em 1958. É desenhista e criador das tiras e quadrinhos de Calvin e Haroldo. Sucesso de público, foram publicados até o ano de 1995, contudo as histórias dessa dupla fazem sucesso até hoje. O personagem Calvin é um menino de 6 anos, muito ativo e inteligente. Seu melhor amigo é Haroldo, um tigre de pelúcia, e juntos vivem muitas aventuras criadas na imaginação do menino.

Por dentro do texto

1 Quem é Spiff?

....

....

2 Como Calvin descreve Spiff?

....

....

3 Relacione as duas colunas:

a) Calvin

b) Spiff

☐ Está vestido com bermuda e camiseta.

☐ Usa luvas e óculos.

☐ Está comandando uma nave espacial.

☐ Está na sala de aula.

☐ Viaja pelo espaço sideral.

☐ Quer que o tempo passe rápido.

As **histórias em quadrinhos** (HQs) são textos que narram uma sequência de ações organizadas em quadros. Utilizam linguagem verbal (texto escrito) e não verbal (imagens e desenhos). As ações são representadas por meio de desenhos e as falas e os pensamentos dos personagens são indicados dentro de balões.

4 Releia o quarto quadrinho e responda: O que significa ter "nervos de aço"?

....

....

5 Identifique cada parte da história preenchendo o quadro abaixo:

Partes	Quadrinhos	O que acontece
Início	1, 2 e 3	
Complicação		Spiff tem uma missão perigosa.
Clímax		
Desfecho		

6 Nas histórias em quadrinhos, a fala dos personagens fica dentro de balões. O tipo de balão indica ao leitor se o personagem está falando, gritando, pensando, etc.

- Escreva o que cada balão indica: se o personagem está falando, gritando ou pensando. Depois, copie da história em quadrinhos de Calvin um exemplo de fala, de grito e de pensamento.

7 No último quadrinho, há um balão com a fala de um personagem que não aparece. De quem você acha que é essa fala? Por que o personagem não aparece nos quadrinhos anteriores?

Leitura 2

Atenção... Atenção... Perigo!

Leia mais uma aventura de Calvin e Spiff em outra HQ.

Disponível em: <https://depositodocalvin.wordpress.com/category/cosmonauta-spiff/>. Acesso em: 25 mar. 2020.

afortunadamente: com muita sorte.
destemido: corajoso, valente, heroico.
hostil: ameaçador, perigoso.
repugnante: desagradável, nojento.
tóxico: venenoso, que causa mal à saúde.

Por dentro do texto

1 Nesta HQ, temos outra aventura de Spiff. Dessa vez, o cenário onde ele está é bem diferente do da primeira história. Marque as opções que descrevem esse cenário:

- [ ] Árvores e ar puro.
- [ ] Mundo distante e hostil.
- [ ] Gases e vapores tóxicos.
- [ ] Nuvens e lagos.

2 Preencha o quadro indicando as partes da história lida.

Partes	Quadrinhos	O que acontece
Início	1 a 3	
Complicação		
Clímax		
Desfecho		

3 Releia o último quadrinho.

a) Que expressão indica que Calvin não está gostando da comida?

....

b) As expressões que reproduzem sons e ruídos chamam-se **onomatopeias**. Escreva uma onomatopeia em cada balão de acordo com as cenas abaixo.

Ilustra Cartoon/Arquivo da editora

Produção relâmpago — Criação de um personagem

Calvin criou em sua imaginação um personagem muito corajoso: Spiff, um cosmonauta destemido que viaja pelo espaço.

Crie você também um personagem de ficção científica. Utilize as linhas a seguir para descrevê-lo.

- Qual é o nome desse personagem?

  ....

- Que roupas ele veste?

  ....

- Que acessórios ele tem? Para que servem esses acessórios?

  ....

- A que lugares ele costuma ir?

  ....

- Que meio(s) de transporte ele utiliza?

  ....

- Faça uma ilustração desse personagem.

VOCÊ EM AÇÃO

História em quadrinhos

Agora você vai produzir uma história em quadrinhos com o personagem que criou na seção **Produção relâmpago** e outros mais que quiser.

Objetivo da produção: criar uma história em quadrinhos e organizar um "Gibi de HQs da turma" para lançar na escola.

Público-alvo: colegas da turma e da escola, familiares e amigos.

Planejando suas ideias

1 Para começar, faça um roteiro da sua HQ. Para isso, preencha o quadro abaixo.

Partes	Quadrinhos (previsão)	O que acontece
Início		
Complicação		
Clímax		
Desfecho		

2 Pense nos personagens que farão parte da história. No caderno, escreva os diálogos entre eles. Lembre-se de que as falas ficarão dentro de balões, portanto, devem ser curtas.

Rascunho

Use o espaço a seguir para fazer o rascunho. Lembre-se: você não precisa ser um desenhista para fazer uma HQ.

Dicas:

- Faça os balões antes de desenhar as imagens.
- Dê um título que chame a atenção do leitor.
- Ao desenhar os personagens, capriche na expressão facial deles.

Revisando suas ideias

1 Troque sua HQ com a de um colega e faça a avaliação seguindo o quadro abaixo:

	Sim	Não
As ilustrações ficaram compreensíveis?		
As falas estão dentro de balões?		
A história tem todas as partes: início, complicação, clímax e desfecho?		
A HQ tem título?		
Foram usadas onomatopeias?		
A grafia das palavras e a pontuação estão corretas?		

2 Depois, converse com o colega sobre a HQ dele e apresente sugestões para melhorá-la. Ouça com atenção o que o colega tem a dizer sobre a sua HQ. Peça também ao professor que leia sua HQ e o oriente a respeito das correções.

Texto final

1 Em uma folha à parte, faça a versão final da sua HQ realizando as modificações necessárias.

2 O professor vai organizar todas as HQs em ordem alfabética (por título) e numerar as páginas para compor o "Gibi de HQs da turma". **Gibi** é uma revista (uma coletânea) que reúne várias histórias em quadrinhos

3 Reúnam-se em dois grupos e sigam as orientações do professor para fazer o sumário e a capa do gibi.

4 Depois, organizem com o professor uma festa de lançamento do "Gibi de HQs da turma" para a qual vocês poderão convidar colegas de outras turmas, familiares e amigos.

5 Reservem um exemplar do gibi para oferecê-lo à biblioteca de sua escola.

6 NARRATIVA DE FICÇÃO CIENTÍFICA

Leitura 1

Ver os dinossauros do passado, fazer viagens intergalácticas, transformar-se em um pirata em busca de tesouros, virar um explorador no deserto... Todos nós podemos fazer isso, basta ter imaginação! Leia a seguir uma narrativa de ficção científica.

Ilustra Cartoon/Arquivo da editora

Planetas habitados

— Olhe como são bonitas, milhares de estrelas...

— E quase todas devem ser rodeadas de planetas como o nosso, habitados, provavelmente...

— Custa-me acreditar...

— Os cientistas dizem que há milhões, talvez trilhões de planetas, só nas galáxias mais próximas. A vida existiria como aqui.

— Devo ter pouca imaginação. Acho difícil visualizar planetas habitados, com seres iguais a nós, vivendo como nós.

— Por que "iguais e vivendo como nós"? É **pretensão** injustificável deduzir que só animais semelhantes tenham desenvolvido inteligência. E os objetos de forma arredondada, vistos em nossa **órbita**? Muita gente os vê a olho nu.

— Não seriam pessoas **sugestionáveis** ou com defeitos na vista? Li num artigo: essas aparições são fenômenos naturais pouco estudados, ou máquinas voadoras feitas aqui mesmo, em experiências secretas.

— Talvez, em parte. Mas já há uma boa documentação e não vejo motivo de espanto em supor que outros planetas do nosso sistema sejam habitados.

— Mas os seres que comandam ou pilotam essas naves espaciais, por que não pousam e entram em contato?

órbita: trajetória que um astro descreve em torno de outro.
pretensão: desejo descabido.
sugestionável: que se impressiona com facilidade.

— Não passa de orgulho gratuito pensar que habitantes de outros planetas estejam interessados em dialogar conosco. Esses **engenhos** talvez sejam minúsculos, comandados a distância. Estarão apenas nos estudando com seus aparelhos? E é bem possível que eles sejam tão diferentes de nós que não haja uma possibilidade de entendimento imediato.

— Falariam línguas impossíveis de se aprender? Quem sabe emitam ruídos, ou comuniquem-se por gestos...

— Nossos cientistas acabariam descobrindo **a chave**. Ou eles, mais inteligentes, nos ajudariam a compreendê-la.

— Aquela estrela brilhante não é um planeta?

— É. Ali há condições para a vida. Talvez **primitiva** e diversa da nossa, pois sua temperatura é **extraordinariamente** alta.

— Escrevem muitas histórias sobre aquele planeta. Costumam inventar seus habitantes como sendo monstros destruidores, interessados em conquistar a galáxia...

— Histórias e hipóteses... Quem sabe eles têm mesmo duas antenas na cabeça, um olho atrás, outro na frente, quatro braços e seis patas.

— Seria engraçado se fosse assim.

— Por quê?

— Pior se tivessem dois braços, um par de olhos em cima do nariz...

— Seu conceito de beleza é muito **exclusivista**.

— Gente normal como nós poderia se entender com monstros pavorosos?

— Fique tranquilo. É provável que eles só existam nas histórias. E descobriram que lá a **atmosfera** é oxigênio puro. De mais a mais, o terceiro planeta possui só um terço de matéria sólida. O resto é uma substância líquida onde a vida é improvável.

— Esta conversa me **abala os nervos**. Imaginar monstros **pernaltas**, com dois olhos na frente. Toque aqui a antena.

— Adeus. Não pense mais no assunto. E saia com cuidado para não incomodar as crianças. Seis patas fazem muito barulho...

Histórias de ficção científica, de Roberto de Sousa (Org.). São Paulo: Ática, 2005.

abala os nervos: deixa nervoso, incomodado.
a chave: o segredo, o mistério (que alguma coisa guarda).
atmosfera: camada de gases (oxigênio, nitrogênio, etc.) que envolve um planeta.
engenho: aparelho, máquina.
exclusivista: individualista, particular; egoísta.
extraordinariamente: de modo extraordinário, fora do comum.
pernalta: que tem pernas altas, compridas.
primitiva: inicial, primária.

Por dentro do texto

1 Quantos personagens fazem parte do texto? O que eles estão fazendo?

2 Qual é o assunto da conversa entre os personagens?

As **narrativas de ficção científica** são textos de ficção, ou seja, criados pela imaginação, com base em fatos científicos. Como todas as narrativas, a ficção científica também apresenta uma sequência de ações, com personagens que estão inseridos em um cenário.

3 Os personagens acreditam que exista vida em outros planetas?

4 No final do texto, podemos deduzir quem são os personagens que conversam. Quem são eles?

- Copie do texto duas frases que comprovem sua resposta.

5 Como você imagina que são, fisicamente, esses personagens? Faça um desenho deles no caderno.

6 Leia o verbete:

Ficção. *Substantivo feminino.* **1.** Ato ou efeito de fingir, fingimento.

2. Elaboração, criação imaginária, fantasiosa ou fantástica; fantasia.

Dicionário eletrônico Houaiss. Objetiva, 2009.

- Agora, responda:

a) O texto **Planetas habitados** é uma ficção? Por quê?

....

b) Assinale as opções que também são textos de ficção.

☐ Contos de fadas. ☐ Notícias de jornal.

☐ Reportagens. ☐ Lendas.

7 Releia.

— Escrevem muitas histórias sobre aquele planeta. Costumam inventar seus habitantes como sendo monstros destruidores, interessados em conquistar a galáxia...

a) De qual planeta o personagem está falando?

....

b) Como são imaginados os habitantes desse planeta?

....

....

As histórias de ficção científica existem desde o século XIX e tratam de temas sempre baseados na Ciência: viagens espaciais, viagens no tempo (passado ou futuro), vida extraterrestre, etc.

Um dos primeiros e mais importantes autores de ficção científica foi Júlio Verne.

8 Veja a capa de dois dos livros mais famosos de Júlio Verne.

- Você já leu ou ouviu falar de algum livro ou filme de ficção científica? Quais? O que você achou deles? Comente com os colegas.

Reprodução/Editora Scipione.

Reprodução/Editora Ática

Leitura 2

Você vai ler, a seguir, o trecho de uma aventura vivida por Zac Power. Ele é o principal personagem de uma série de livros escrita por um autor australiano chamado H. I. Larry.

Trata-se de um menino que gosta de música, toca guitarra, tem um cachorro e um irmão com quem vive brigando. Porém, ele tem um segredo: é um agente secreto!

Sudowoodo/Shutterstock

Zac Power: Aventura no espaço

— Traga-a aqui disse o Agente Sombra, fazendo sinal para um agente da AIG.

Uma porta de alçapão de metal na base do avião se abriu. Uma **plataforma hidráulica** saiu do chão.

Diante dele estava uma nave espacial extraordinária, **futurística**, pintada de amarelo e vermelho metálicos.

— Que irado! — disse Zac empolgado.

O Agente Sombra levou Zac à nave espacial.

— Esta é a Estrela Master, a mininave espacial da AIG. É o menor veículo capaz de transportar homens até o espaço. Você vai levá-la para o primeiro teste de voo, Agente Rock Star.

Zac entrou na cabine do piloto da Estrela Master.

— Mal posso esperar para acelerar essa belezinha — comentou Zac, passando a mão na nave espacial.

Ela tinha aparência **mirrada** de um jato de guerra e a força do motor de uma nave moderna da NASA.

Na mesma hora, Zac começou a apertar uns botões e a verificar as condições de segurança do voo. Acionou o computador de bordo, conferiu os mapas das estrelas e programou um **itinerário** até a Fortaleza Espacial. Depois de colocar o capacete Master Power, fez um sinal de positivo.

— Solte a rampa, eu vou ligar as **turbinas** — disse Zac louco para ir embora. — Tem mais alguma coisa que eu deva saber?

futurística: relacionada ao futuro; avançada.
itinerário: trajeto, rota, caminho a ser seguido.
mirrada: pequena.
plataforma hidráulica: superfície, engenho que funciona por meio um líquido ou água.
turbina: motor (a jato) de aviões e foguetes.

— Cuidado ao se aproximar da Fortaleza Espacial — avisou o Agente Sombra. — Os **sensores** da estação vão detectar qualquer coisa, humana ou mecânica, que se aproximar. Se não tomar cuidado, você vai virar poeira espacial!

— Tome — falou Leon, entregando a caixa de cereal para Zac. — Leve isso caso precise fazer um lanche. Boa sorte!

Zac fechou a cabine do piloto da Estrela Master. Todos ficaram bem para trás. A rampa do Hércules se abriu lentamente e um vento forte entrou no avião. Zac apertou os botões da **ignição** e as turbinas fizeram um estrondo.

Zac pegou o controle e levou a Estrela Master para a frente. Apertou o acelerador nos últimos metros da rampa. A nave espacial se lançou no céu e foi subindo.

A velocidade era inacreditável. Logo o Hércules se tornou um pontinho lá longe. Não demoraria muito para atingir o lado externo da atmosfera. Zac ficou confortável e se agachou para pegar a caixa de cereal. Não havia comido nada desde a hora do almoço. O treinamento de **gravidade zero** tinha sido duro, e o estômago dele roncava.

Alguma coisa dentro da caixa de cereal se mexeu. Zac soltou o controle assustado. A Estrela Master girou e mergulhou em direção ao chão!

Zac firmou os pés, puxou o controle com força e lutou para controlar a nave de novo. O cereal voou por toda a cabine e a caixa parou nos joelhos dele. Uma coisinha peluda saltou sobre seu colo.

— Cifer! — disse Zac surpreso.

Em algum momento do treinamento, o rato deve ter entrado na caixa de cereal à procura de comida. Agora Zac tinha mais um passageiro.

— Esta missão é perigosa! — Zac brigou com o rato. — Não posso ter um passageiro **clandestino** na viagem.

Cifer mexeu o focinho, com os olhinhos pretos brilhando.

Zac conferiu o horário. Tinha menos de 12 horas para realizar o serviço. Não podia voltar só para deixar o rato!

O céu começou a escurecer. A mininave estava a poucos momentos de entrar no espaço.

— Tá legal, Cifer — falou Zac. — Espero que você consiga seguir ordens. Está prestes a se tornar o primeiro rato astronauta do mundo.

Zac Power: aventura no espaço, de H. I. Larry. São Paulo: Fundamento Educacional, 2009.

clandestino: que viaja ou entra em algum lugar sem ser convidado.
gravidade zero: quando a força da gravidade terrestre deixa de atuar, fazendo com que pessoas e objetos flutuem.
ignição: partida; queima, combustão.
sensor: radar, estação, aparelho que identifica pessoas, objetos, máquinas, etc.

Por dentro do texto

1 Numere as ações na ordem em que elas são narradas no texto.

☐ Zac decola com a nave espacial.

☐ Zac descobre um passageiro clandestino.

☐ O Agente Sombra mostra a nave para Zac.

☐ O Agente Sombra pede que Zac tome cuidado ao se aproximar da Fortaleza Espacial.

☐ Zac se assusta e perde o controle da Estrela Master.

2 Releia os primeiros parágrafos. O Agente Sombra pede que tragam:

☐ uma porta de alçapão.

☐ uma plataforma hidráulica.

☐ um avião.

☐ uma nave espacial.

3 O que era a Estrela Master? O que Zac deveria fazer com ela?

...

...

4 O Hércules era um enorme avião que transportava a Estrela Master. Quando Zac decolou, por que o Hércules foi se tornando um pontinho?

...

...

5 Zac Power ia cumprir uma missão perigosa. Imagine o que poderia ser essa missão e descreva-a no caderno.

6 O texto lido pode ser considerado ficção científica? Por quê?

Produção relâmpago

Atividade de retextualização

1 Leia a seguir o poema de José Paulo Paes, que também narra uma viagem espacial.

Ficção científica

Depois de uma viagem
pelo espaço sideral,
o astronauta chegou ao seu destino final:

Um planeta diferente
cujo em-cima estava embaixo
e o atrás ficava na frente.

Um planeta tão estranho
que a sujeira era limpa
e a água tomava banho.

Um planeta mesmo louco
onde o muito era nada
e o tudo muito pouco.

Um planeta dos mais raros:
o seu ouro era de graça,
o lixo custava caro.

O astronauta não gostou
e foi-se embora. Quando
pensou estar muito longe,

Viu-se outra vez chegando
num planeta onde, aliás,
o embaixo ficava em-cima
e a frente estava por trás...

Ilustrações: Eduardo Rossi/Arquivo da editora

É isso ali, de José Paulo Paes. Rio de Janeiro: Salamandra, 1984.

2 Analise as seguintes questões: Por onde o astronauta viajava? Qual foi seu destino final? Por que o planeta aonde ele chegou era diferente? Quais contrários havia no planeta? O que o astronauta fez? O que aconteceu no final?

3 Agora, você vai recontar essa história em **prosa**. Isso significa que, em vez de versos, vai contá-la em frases e parágrafos. A seguir, você já tem o início. Copie-o no caderno e continue a história.

Ficção científica

Após viajar por muito tempo pelo espaço, um astronauta chegou ao seu destino final.

Porém, esse destino era...

VOCÊ EM AÇÃO

Narrativa de ficção científica

Agora você vai escrever uma narrativa de ficção científica e, com a turma, fazer uma coletânea de histórias.

Objetivos da produção: criar uma narrativa de ficção científica e organizar uma coletânea de histórias.

Público-alvo: colegas da turma e da escola, familiares e amigos.

Planejando suas ideias

Para iniciar, reflita sobre as seguintes questões:

- Qual é o personagem principal? Como ele se chama? O que faz? Como se veste? Usa acessórios? Quais? Tem algum meio de transporte? Qual?
- Qual é o cenário da sua história? Quando ela se passa?
- Como a história começa? Que problema acontece com o personagem principal? Como ele enfrenta o problema? Qual é o ponto mais emocionante da história? Como a história termina?

Rascunho

No caderno, faça o rascunho da sua narrativa de ficção científica. Siga estas instruções:

- Comece sua narrativa apresentando o personagem principal e o lugar onde ele está.
- Em seguida, narre a complicação que o personagem enfrenta.
- Para narrar o clímax da história, capriche no suspense: quando se virou...; se arrastou...; caiu...; se feriu...; foi atingido...; etc.
- Conclua a história narrando como o personagem conseguiu resolver o problema. Mostre ao leitor as qualidades que esse personagem tem.
- Dê um título ao texto e lembre-se de assiná-lo.

Revisando suas ideias

1 Troque o texto com o de um colega e avalie-o seguindo o quadro abaixo.

	Sim	Não
A narrativa tem início, complicação, clímax e desfecho?		
A história é envolvente?		
O personagem principal está bem descrito?		
A história tem título?		
O cenário da história e a época em que ela se passa estão bem descritos e definidos?		
O final foi interessante?		
A grafia das palavras e a pontuação estão corretas?		

2 Depois, converse com o colega sobre o texto dele e apresente sugestões para melhorá-lo. Ouça o que o colega tem a dizer sobre o seu texto. Peça também ao professor que o oriente a fazer as modificações necessárias.

Texto final

1 Em uma folha à parte, reescreva a versão final do seu texto, seguindo as orientações do professor e as sugestões do colega. Não se esqueça de colocar o título e ilustrar o texto de acordo com a história que você criou.

2 Com a orientação do professor, você e sua turma farão uma coletânea de "Narrativas de ficção científica". Para isso, reúnam os textos e organizem-nos em ordem alfabética.

3 Confeccionem o sumário e a capa da coletânea.

4 Façam um rodízio entre os colegas, para que todos possam levar a coletânea para casa e as famílias vejam as produções da turma. Depois, a coletânea deve ficar disponível na biblioteca.

Tecnologia para...

PRODUZIR UM *PODCAST* DE NARRATIVAS DE FICÇÃO CIENTÍFICA

Que tal transformar a coletânea de narrativas de ficção científica em um *podcast* para ser postado no blogue ou *site* da escola? Siga as orientações do professor.

EXPLORANDO O TEMA...

Pesquisa e exposição interplanetária

Uma viagem em família demanda cuidado, pesquisa e planejamento. Agora, imagine o trabalho que deve gerar o planejamento de uma viagem espacial!

Você sabia que a primeira viagem espacial aconteceu em 4 de outubro de 1957? Impulsionada pela competição entre os Estados Unidos e a antiga União Soviética, na corrida espacial, a União Soviética lançou o Sputnik I, que foi o primeiro satélite artificial a orbitar a Terra. Ele foi lançado do Cazaquistão. Logo depois, a União Soviética lançou o Sputnik II, que carregava o primeiro ser vivo a ser enviado ao espaço, a cadela Laika.

Os Estados Unidos não quiseram ficar para trás e avançaram nessa corrida: criaram a Nasa — a agência espacial americana, e lançaram o satélite Explorer, em resposta ao trabalho dos russos.

Finalmente, em 20 de julho de 1969, com os astronautas Neil Armstrong, Michael Collins e Edwin Aldrin Jr. na tripulação, ocorreu o lançamento da Apollo XI. Esses tripulantes pisaram na Lua pela primeira vez.

Até hoje, as expedições espaciais aguçam a criatividade de escritores e cineastas de ficção científica.

Observe ao lado o cartaz de um filme que mostra a aventura de três amigos e três gerações, avô, pai e filho, apaixonados por viagens espaciais e dispostos a fazer parte da história da exploração da Lua.

Reprodução/Paramount

Refletindo sobre o tema

1 O cartaz anuncia o lançamento de qual filme?

2 Qual é a data de lançamento do filme?

3 Você assistiu a esse filme? Se sim, o que achou dele?

4 Como você se sentiria se estivesse no lugar do menino vestido de astronauta?

5 Imagine que você e seus amigos estão partindo em uma expedição para a Lua. Como você imagina que seria essa viagem até chegar lá?

6 Você já imaginou como acontecem as expedições espaciais? O que os astronautas comem? Como são as roupas utilizadas? Converse com o professor e os colegas.

Ampliando e mobilizando ideias

1 Pesquise, em livros, jornais ou na internet, o desenvolvimento dos foguetes e das expedições espaciais. A seguir, há alguns tópicos que auxiliarão sua pesquisa.

- Como e quando foi a chegada do homem à Lua? O que essa expedição representou para o mundo?
- Atualmente, quais tipos de foguetes são utilizados nas explorações espaciais? Quem os constrói?
- Como é a alimentação dos astronautas? Que tipos de roupa usam e como vivem dentro das espaçonaves?

2 Depois do levantamento das informações, crie cartazes usando imagens ou desenhos para compartilhar suas descobertas.

3 Com o professor e os colegas, planejem o local onde será exposto o material produzido e convidem familiares e colegas das outras turmas para apreciar a exposição.

UNIDADE 3

POR UM MUNDO MELHOR

Entre nesta roda

- Descreva a cena. Você costuma ver situações como essas em seu cotidiano?
- Em sua cidade, existem espaços como o da cena, com parques, escolas, bibliotecas? Você acha que esses espaços são importantes?
- O que pode ser feito para que as pessoas vivam em um mundo em que todos tenham as mesmas oportunidades e a convivência entre todos seja pacífica?

Nesta Unidade vamos estudar...

- Charge
- Reportagem
- Crônica argumentativa

Marcos de Mello/Arquivo da editora

7 CHARGE

Leitura 1

O que aconteceria se a Floresta Amazônica fosse completamente destruída? Que prejuízos isso causaria ao Brasil e ao mundo? O que poderia ser feito para que isso não acontecesse?

Leia a seguir uma charge sobre a Floresta Amazônica.

Disponível em: <https://www.portalodia.com/blogs/jotaa/confira-a-charge-do-ilustrador-jota-a-publicada-nesta-segunda-no-jornal-o-dia-368635.html>. Acesso em: 12 jan. 2020.

Por dentro do texto

1 Qual é o tema da charge lida?

☐ Ambiental. ☐ Científico. ☐ Culinária. ☐ Turismo.

2 Que cores aparecem na charge?

....

....

3 Releia o texto do balão de fala:

A Terra é azul e a Amazônia é cinza!!

- O que representa a cor cinza sobre a Amazônia?

....

A **charge** é um texto composto de uma ilustração ou de uma ilustração acompanhada de um texto curto ou pequeno diálogo. As charges apresentam uma crítica sobre um assunto da atualidade, usando humor e ironia. São geralmente publicadas em jornais.

4 Responda:

a) Quem é o personagem que aparece na charge?

....

b) Observe a expressão facial do personagem. Como ele parece se sentir ao ver a nuvem cinza sobre a Amazônia?

....

....

5 Que problema é abordado nessa charge?

....

6 Na sua opinião, o que os cidadãos comuns podem fazer para combater esse problema?

Leitura 2

Nós, seres humanos, temos muitas leis que nos protegem. E os animais, também há leis para protegê-los? Leia mais uma charge.

Disponível em: <https://jornaldebrasilia.com.br/charges/charge-do-dia-12-08-2019/>. Acesso em: 12 jan. 2020.

Saiba mais

O que é projeto de lei?

Projeto de lei é uma ideia, uma proposta que pode vir a se transformar em lei. Um projeto de lei pode ser apresentado inicialmente tanto na Câmara quanto no Senado – que juntos formam o Congresso Nacional. Se começa na Câmara, depois vai ao Senado e vice-versa. Em cada uma das Casas Legislativas, ele é discutido e votado pelos parlamentares, que podem mudar o texto original.

Se for aprovado de forma definitiva pelo Congresso Nacional, é enviado ao presidente da República que vai analisar o texto. Se ele não concordar, ele pode VETAR todo o projeto ou partes dele. Se ele concordar com o projeto, ele sanciona a lei. Dessa forma, o que era apenas uma ideia vira lei que deve ser cumprida por todos.

Disponível em: <https://plenarinho.leg.br/index.php/2018/07/o-que-e-projeto-de-lei/>. Acesso em: 12 jan. 2020.

Por dentro do texto

1 Que figuras estão interagindo nessa charge?

....

2 Pela expressão facial deles, o que você acha que estão sentindo?

....

3 Que gesto eles estão fazendo? O que significa esse gesto?

....

4 Do que trata o projeto de lei abordado pela charge?

....

....

5 Leia abaixo a definição da palavra **senciente**.

> **Senciente:** capacidade dos seres de sentir sensações e ter sentimentos, tais como dor, alegria, tristeza, saudade, estresse.

- Considerando essa definição, como você entende a palavra **senciente** no contexto da charge?

....

....

6 Quem aprovou esse projeto de lei?

....

7 Você considera importante a aprovação desse projeto? Por quê?

....

....

Produção relâmpago — Texto verbal para uma charge

1 Leia a charge a seguir. Converse com os colegas e o professor a respeito da mensagem e da crítica que ela transmite.

Disponível em: <www.hojemais.com.br/tres-lagoas/noticia/charge/charge-meio-ambiente>. Acesso em: 27 mar. 2020.

2 Agora, produza um texto verbal para essa charge. Lembre-se de que o texto deve ser curto. Você também pode inserir balões de fala e pensamento.

VOCÊ EM AÇÃO

Charge

Você vai produzir uma charge a partir da imagem de um problema ambiental: o descarte incorreto de lixo nas ruas.

Objetivo da produção: criar uma charge e organizar um mural.

Público-alvo: colegas, alunos e professores de outras turmas.

Planejando suas ideias

1 Observe a imagem a seguir. Ela vai inspirar sua charge.

Jaboticaba Fotos/Shutterstock

2 Faça a leitura da imagem:

- O que ela retrata?
- Como a rua está?
- Quem são os responsáveis pela sujeira na rua?
- Em sua opinião, por que algumas pessoas agem desse modo?
- Que consequências essas atitudes trazem para a população? E para a cidade?
- O que você pensa a respeito dessa situação?
- O que você diria para as pessoas que jogam lixo na rua?

3 Agora, faça o planejamento da sua charge, seguindo este roteiro:

- Quem são os personagens da sua charge?
- Como esses personagens estão vestidos? Que emoções eles demonstram?
- Qual é o cenário da sua charge? O que os personagens estão fazendo?
- Qual é a crítica presente em sua charge? Há ironia ou humor?
- Há texto verbal em sua charge? Qual?
- Os personagens estão dialogando? O que eles estão falando?

Rascunho

No espaço a seguir, faça o rascunho da charge.

Revisando suas ideias

Troque sua charge com a de um colega e avalie o texto dele seguindo o quadro abaixo.

	Sim	Não
O tema da charge está de acordo com a imagem apresentada no planejamento?		
A charge faz crítica a algum comportamento?		
Foi utilizado humor ou ironia para fazer a crítica?		
O texto tem relação com a imagem criada?		
A charge pode ajudar o leitor a avaliar o próprio comportamento?		
A grafia das palavras e a pontuação estão corretas?		

Texto final

1 Após a avaliação do colega e com a orientação do professor, faça a versão final de sua charge em uma folha avulsa.

2 Escreva o texto (balões, falas ou legendas, se houver) com letras grandes e legíveis para favorecer a leitura.

3 Cole a imagem ou faça uma ilustração, que deve estar relacionada ao tema. E não se esqueça de assinar a charge.

4 Escolha, com o professor e os colegas, o local onde vão organizar um mural com todas as charges produzidas pela turma.

5 Convidem outras turmas para visitar a exposição de charges.

Tecnologia para...

DIVULGAR E COMPARTILHAR IDEIAS CRIATIVAS

Com a ajuda do professor, você e os colegas vão digitalizar as charges produzidas e compartilhá-las no blogue ou *site* da escola.

8 REPORTAGEM

Leitura 1

Você sabia que a Floresta Amazônica é importante não só para o Brasil, mas para o mundo todo? Nela habita uma quantidade enorme de espécies animais e plantas; grande parte só existe lá! Será que estamos cuidando bem dela? Leia a reportagem e descubra como o verde da Amazônia ganhou um tom meio acinzentado.

https://www.jornaljoca.com.br/entenda-as-queimadas-na-amazonia/

Entenda as queimadas na Amazônia

Por Martina Medina
29 de agosto de 2019

Entre 1º de janeiro e 25 de agosto de 2019, a Amazônia Legal brasileira registrou 57.509 focos de incêndio, de acordo com o Instituto Nacional de Pesquisas Espaciais (Inpe). Este é o maior número desde 2010, quando o mesmo período marcou 85.577 focos de queimadas na região. O governo brasileiro anunciou uma série de medidas para conter a situação. Confira estas e outras informações.

Sinais de fumaça

O céu escureceu na cidade de São Paulo no dia 19 de agosto, por volta das 15h. Um dos motivos foi o aumento das queimadas em estados brasileiros da Região Norte, como Rondônia e Acre, e nos países vizinhos Paraguai e Bolívia. Segundo nota da meteorologista Josélia Pegorim no *site* Climatempo, uma frente fria trouxe uma nuvem mais baixa, ajudando a espalhar a fumaça pelo país, atingindo também a região sul de Mato Grosso, Mato Grosso do Sul, Paraná e partes de Minas Gerais, Rio de Janeiro e Rio Grande do Sul.

Em São Paulo, moradores que coletaram a água da chuva nesse dia perceberam que o líquido ficou preto. O Instituto de Química da Universidade de São Paulo (USP) apontou a presença de substâncias comuns em queimadas em amostras dessa água. Em entrevista ao Joca, porém, o Inpe afirmou que "a fumaça teve apenas pequena participação no fenômeno, que foi quase inteiramente devido ao tipo de nuvens (muito densas e baixas)".

Saúde

A fumaça das queimadas pode provocar falta de ar, tosse, dor e ardência na garganta, entre outros problemas. As crianças estão entre as mais afetadas porque o sistema imunológico (que defende o corpo de doenças) delas ainda está em formação, de acordo com o pediatra Daniel Pires.

No Hospital Infantil Cosme e Damião, em Porto Velho, capital de Rondônia, onde o médico trabalha, 120 crianças com problemas respiratórios foram atendidas de 1º a 10 de agosto. O número subiu para 380 casos, de 11 a 23 deste mês, pelo "aumento da fumaça decorrente das queimadas", segundo ele.

A fumaça em Porto Velho levou Carlos Adriano L., 5 anos, para um hospital da região. "Fiquei com a garganta doendo e a língua cheia de bolinhas. Passei uma semana sem ir à escola. Todo dia tem fumaça em todo canto onde eu moro", disse ele, em entrevista ao *Joca*.

Para enfrentar a situação, o pediatra recomenda manter alimentação leve, beber muita água e colocar um pano úmido ou uma bacia com água dentro de casa — que deve ser mantida limpa para que a poeira não piore os sintomas.

Queimadas

Causas

Na América do Sul, quase todas as queimadas são causadas pelo ser humano, por diversas razões, como:

DESMATAMENTO: o fogo é usado para limpar a área desmatada, que será utilizada para agropecuária.

QUEIMA DE LIXO: o fogo pode sair do controle e atingir áreas de floresta.

Além disso, as queimadas sempre aumentam no período mais seco de cada região. No entanto, de acordo com o Instituto de Pesquisa Ambiental da Amazônia (Ipam), o aumento do fogo na área amazônica em 2019 está mais relacionado com o crescimento do desmatamento do que com a seca.

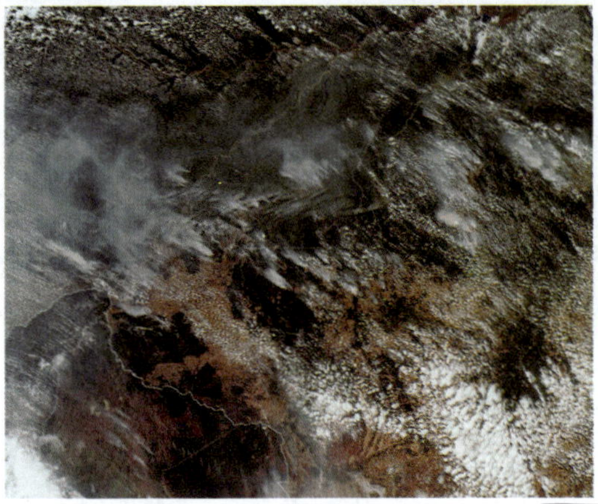
Lauren Dauphin/Adam Voiland/NASA

Imagem de satélite das regiões de queimada feita pela Nasa (a agência espacial dos Estados Unidos), em 13 de agosto/ #pracegover: imagem de satélite mostra regiões brasileiras afetadas pelas queimadas da floresta. Imagem: Nasa.

Consequências

— Árvores liberam muito vapor de água, que forma as nuvens de chuva. Sem vegetação, chove menos.

— Com menos chuva, a produção de alimentos é prejudicada.

— Perda de animais.

— Prejuízo à saúde humana.

— Árvores absorvem e acumulam muito carbono. Quando são queimadas, liberam o elemento na atmosfera na forma de gás, que piora o efeito estufa e leva ao aquecimento global (saiba mais na edição 135 do *Joca*).

Soluções

— Iniciar uma campanha de prevenção de queimadas e sobre a importância da Amazônia e de outros biomas.

— Aumentar a fiscalização contra o desmatamento ilegal.

— Investir em equipamentos e equipes para combater o fogo.

Principais medidas anunciadas pelo governo federal

— Envio de agentes da Força Nacional para estados que compõem a Amazônia Legal (formada por sete estados da Região Norte, além de Maranhão e Mato Grosso) que solicitarem ajuda. Até o fechamento desta edição, sete estados haviam pedido auxílio.

— Envio de aviões da Força Aérea Brasileira (FAB) para jogar água sobre o fogo.

— Liberação de 38,5 milhões de reais pelo Ministério da Economia.

— Apuração de denúncias de incêndios criminosos no Pará.

[...]

Disponível em: <https://www.jornaljoca.com.br/entenda-as-queimadas-na-amazonia/>. Acesso em: 22 jan. 2020.

Por dentro do texto

1 Qual é o objetivo da reportagem lida?

....

....

....

2 A reportagem tem um título e, no corpo do texto, intertítulos. Circule de vermelho o título e, de azul, os intertítulos.

3 Releia o trecho:

Em São Paulo, moradores que coletaram a água da chuva nesse dia perceberam que o líquido ficou preto.

a) Quais foram os motivos apontados para o líquido estar preto?

....

....

b) Quais foram os responsáveis por essas explicações?

....

....

....

....

A **reportagem** é um texto oral ou escrito que tem como objetivo informar os leitores sobre um assunto de interesse geral. Para produzir a reportagem, o repórter realiza pesquisas em fontes confiáveis, seleciona informações, realiza entrevistas com pessoas especializadas no assunto, colhe depoimentos. As principais partes da reportagem costumam ser: o **título**, o **subtítulo** e o **corpo da reportagem**, que pode ou não conter **intertítulos**.

4 A repórter entrevistou algumas pessoas e instituições para produzir a reportagem. Identifique-as e anote o nome delas abaixo.

a) Instituições de pesquisa: ....

....

b) Especialista do assunto: ....

c) Médico especialista: ....

d) Vítima da fumaça: ....

5 As reportagens costumam ser assinadas. Que repórter assina o texto lido?

....

6 De acordo com a reportagem, que riscos à saúde a fumaça das queimadas pode causar às pessoas?

....

....

....

7 Quais são as causas apontadas na reportagem para as queimadas?

....

8 Releia:

> [...] o Inpe afirmou que "a fumaça teve apenas pequena participação no fenômeno, que foi quase inteiramente devido ao tipo de nuvens (muito densas e baixas)".

- Explique a utilização das aspas nesse trecho.

....

Trechos da fala dos entrevistados podem ser inseridos no texto da reportagem. Para que o leitor identifique essas falas, utilizam-se aspas.

Leitura 2

Você se interessa por assuntos relacionados à natureza? As reportagens são meios importantes para divulgar e ampliar informações para a população. A seguir, leia mais uma reportagem sobre a natureza.

https://super.abril.com.br/comportamento/quanto-tempo-voce-deve-passar-na-natureza-cientistas-cravam-2-horas-por-semana/

Quanto tempo você deve passar na natureza? Cientistas cravam: 2 horas por semana

Não importa se você divide essas horas em alguns minutos por dia ou completa a "cota" de uma vez só: os benefícios pra saúde e bem-estar são observados nos dois casos

Por Maria Clara Rossini

14 jun. 2019, 12h55

Passar o dia na praia, no parque ou no campo é sinônimo de férias para a maioria das pessoas. Mas deveria ser parte da rotina de cada um.

E nem precisa ser um dia inteiro: alguns minutinhos por dia ou uma tarde de domingo já está de bom tamanho. Um estudo publicado na revista científica *Nature* verificou que passar ao menos duas horas por semana em contato com a natureza promove melhoras significativas para a saúde e bem-estar.

Valentin Valkov/Shutterstock

A pesquisa, feita pela Universidade de Exeter, na Inglaterra, analisou dados de 20 mil pessoas que participaram de um questionário de "Monitoramento de Engajamento com Ambientes Naturais". Entre 2014 e 2016, os participantes anotaram suas atividades na natureza ao longo de cada semana.

As pessoas que relataram passar pelo menos duas horas por semana em parques, praias, fazendas ou áreas verdes em geral também disseram estar em boa saúde e sentir maior bem-estar. Mas os benefícios do tempo na natureza só eram observados quando os participantes atingiam o mínimo de duas horas.

Dava na mesma passar uma hora semanal em contato com a natureza, ou nenhuma: os índices de saúde e bem-estar eram mais baixos nos dois casos.

Por outro lado, muito mais de duas horas também não fazia diferença. Ou seja, os benefícios não eram multiplicados para quem passava cinco, seis horas por semana fazendo trilhas, por exemplo. O aumento no bem-estar era equivalente ao das duas horas mínimas.

O mais curioso é que não importa se o indivíduo passa essas duas horas de uma vez ou se elas são divididas ao longo da semana. Os benefícios também são os mesmos. Cada um pode adaptar esse tempo para a própria rotina. "A natureza não é uma pílula que você precisa tomar uma dose por dia. O que mais importa é que você consiga incluir esse tempo dentro do seu estilo de vida", diz o psicólogo Mathew White, líder do estudo.

Não vale dar migué: passar por algumas árvores no caminho do trabalho ou se sentar no próprio quintal não contam. Para alcançar os benefícios, você pode correr no parque, caminhar na praia ou passear por um bosque. Se houver áreas verdes perto de casa ou do trabalho, elas podem ser incluídas no dia a dia. Se não for o caso, dá pra aproveitar o final de semana para passar o tempo com a família e amigos em algum desses locais.

Esse intervalo mínimo vale para todas as pessoas. Independente de idade, sexo, etnia, deficiência ou condição social, o estudo mostrou que as duas horas por semana se aplicam a qualquer um.

Ainda não se sabe exatamente de que forma o tempo em contato com a natureza influencia a saúde. Além de diminuir o estresse e os efeitos da poluição, uma hipótese é que a natureza estimule a atividade física e promova tempo em família. A luz natural também pode ajudar o ritmo circadiano (ou o relógio biológico do corpo) a se regular, melhorando o sono à noite e aumentando a sensação de energia durante o dia.

Seja qual for a explicação, só dá pra vivenciá-la saindo de casa e indo pra área verde mais próxima.

Disponível em: <https://super.abril.com.br/comportamento/quanto-tempo-voce-deve-passar-na-natureza-cientistas-cravam-2-horas-por-semana/>. Acesso em: 22 jan. 2020.

Por dentro do texto

1 Quando e onde foi publicada essa reportagem?

2 Quem escreveu a reportagem?

3 Releia o segundo parágrafo da reportagem. Qual informação principal ele apresenta?

4 Observe a imagem que ilustra a reportagem. Em seguida, responda:

a) O que a imagem retrata?

b) Em sua opinião, que sensações ela provoca no leitor?

5 A reportagem divulga uma pesquisa.

a) Qual era o objetivo da pesquisa?

....

....

b) Quem realizou a pesquisa?

....

c) Como os pesquisadores obtiveram os dados que possibilitaram realizar a pesquisa?

....

....

....

6 No 7º parágrafo, a repórter utilizou aspas. Qual é a função das aspas nesse trecho?

....

....

7 Releia o trecho:

Não vale dar migué: passar por algumas árvores no caminho do trabalho ou sentar no próprio quintal não contam.

a) O que significa a expressão "dar migué"? Converse com os colegas e o professor.

b) A expressão "dar migué" é um registro da nossa língua portuguesa. Ele é mais recorrente:

- [ ] em textos ou situações formais.
- [ ] em textos ou situações informais.

8 No penúltimo parágrafo são citados os benefícios, que a pesquisa revelou, para a saúde e o bem-estar. Quais são eles?

Produção relâmpago → Imagem e legenda

As reportagens podem conter imagens (fotografias, ilustrações) e legendas. As imagens complementam o texto e ajudam o leitor a compreendê-lo. As legendas apresentam informações sobre as imagens.

Faça dupla com um colega e leia o trecho da reportagem abaixo. Depois, discuta com o colega o assunto da reportagem e escolha uma imagem (colagem de foto, desenho, etc.) que complemente a reportagem. Abaixo dela, escreva uma **legenda**.

Cidadãos do amanhã: evento reúne crianças para debate sobre cidadania

Desinibidas, as crianças soltaram o verbo e levaram os problemas de suas escolas e comunidades

Todo cidadão tem observações a fazer sobre a cidade e não foi diferente para um grupo de 30 crianças com idades entre 9 e 12 anos que foi recebido nesta terça (19), no Centro Cultural Palácio Rio Branco, pelo prefeito de Manaus [...], Arthur Virgílio Neto.

As pequenas cidadãs tiveram oportunidade de falar sobre os problemas que observam na cidade, além de conhecer melhor as competências do município e esclarecer suas dúvidas com o próprio prefeito. Fazendo uso da sinceridade comum aos pequenos, a atividade rendeu debates e boas gargalhadas.

Durante o encontro, as crianças também foram estimuladas da forma que mais gostam, em brincadeiras com os "Garis da Alegria" compartilhando importantes lições sobre a preservação do meio ambiente, respeito com profissionais da limpeza pública e descarte correto do lixo.

[...]

Cidadãos do amanhã: evento reúne crianças para debate sobre cidadania, de Maysa Leão. **Em tempo**. 19 dez. 2017. Disponível em: <https://d.emtempo.com.br/manaus/89794/cidadaos-do-amanha-evento-reune-criancas-para-debate-sobre-cidadania>. Acesso em: 14 jan. 2020.

VOCÊ EM AÇÃO

Reportagem

Agora que você já sabe quais são os elementos de uma reportagem, chegou sua vez de informar os leitores. Você será o repórter!

Objetivo da produção: produzir uma reportagem, que poderá fazer parte de um mural, ser publicada no jornal ou blogue da escola ou compor um portfólio de reportagens.

Público-alvo: colegas da turma, alunos e professores da escola e familiares.

Planejando suas ideias

1 Faça uma pequena entrevista com um adulto da sua família ou da escola. Registre o nome e a idade da pessoa entrevistada. Escreva também a profissão dela.

....

....

2 Mostre as imagens abaixo à pessoa entrevistada.

Pixel-Shot/Shutterstock

New Africa/Shutterstock

3 Faça a ela as perguntas a seguir, registrando as respostas no caderno.

a) O que você acha das atitudes retratadas nas imagens? Por quê?

b) Você já presenciou atitudes como essas? O que você sentiu?

c) Você já teve oportunidade de praticar alguma atitude semelhante? Conte como foi.

Rascunho

Em uma folha avulsa, faça o rascunho da reportagem seguindo as instruções abaixo:

- No **1º parágrafo**, faça uma introdução ao assunto. Escreva sobre a necessidade de sermos solidários uns com os outros e a importância de cada cidadão contribuir para a harmonia do lugar onde vive.
- No **2º parágrafo**, apresente a pessoa entrevistada. Crie uma frase com o nome, a idade e a ocupação dessa pessoa. Escreva também informações adicionais que você tiver obtido durante a entrevista.
- No **3º parágrafo**, conte se o entrevistado já presenciou, ou não, atitudes semelhantes àquelas retratadas nas imagens. E, se ele tiver presenciado, conte o que ele sentiu.
- No **4º parágrafo**, conte se o entrevistado já praticou ou não atitudes semelhantes àquelas das imagens. Se ele tiver praticado, conte o que ele fez.
- No **5º parágrafo**, faça a conclusão da reportagem. Escreva uma frase reafirmando o tipo de comportamento que todos nós devemos ter. Explique quais serão os benefícios se todos tivermos sempre atitudes gentis, solidárias e respeitosas.
- Escolha um título e um subtítulo para a reportagem.
- Escolha uma imagem para a reportagem. Faça a legenda da imagem.
- Escreva seu nome abaixo do subtítulo, a data e o local.

Revisando suas ideias

Troque sua reportagem com a de um colega e peça a ele que a avalie seguindo o quadro abaixo.

	Sim	Não
O título da reportagem chama a atenção do leitor?		
Os parágrafos da reportagem estão organizados de acordo com as instruções do **Rascunho**?		
O primeiro parágrafo deixa claro o assunto da reportagem?		
As falas dos entrevistados estão entre aspas?		
Há o nome do repórter (do aluno), a data e o local?		
A imagem tem relação com o assunto da reportagem?		
A grafia das palavras e a pontuação estão corretas?		

Texto final

1 Reescreva a versão final do seu texto, seguindo as observações do colega e as orientações do professor.

2 Não se esqueça de colocar o título de sua reportagem e seu nome, além da imagem e da legenda.

3 Depois, você e os colegas vão escolher, de comum acordo com o professor, em que locais vão divulgar ou publicar as reportagens produzidas pela turma. Vocês podem:

- fazer um mural no corredor da escola ou em outro local bem visível que o professor escolher;
- publicar no jornal da escola, no jornal da cidade ou no blogue da escola;
- reunir todas as produções em um portfólio, que é um álbum que reúne vários textos. Esse portfólio pode ficar disponível na biblioteca ou com o professor, para que os alunos possam levá-lo para casa e mostrar à família os trabalhos realizados pela turma.

9 CRÔNICA ARGUMENTATIVA

Leitura 1

Você sabe o que é uma **crônica argumentativa**? Já leu alguma? De quem? Ela o levou a refletir sobre algo importante da sua vida?

Na crônica que você vai ler, uma conversa com o próprio filho fez o cronista pensar bastante sobre o mundo à sua volta. Será que ele chegou a alguma conclusão?

Com o mundo nas mãos

Bernardo tem cinco anos, mas já sabe da existência do Japão. E aponta para o céu com o dedo:

— É atrás daquele teto azul que fica o Japão?

Tenho de explicar-lhe que aquilo é o céu, não é teto nenhum.

— Mas então o céu não é o teto do mundo?

— Não: o céu é o céu. O mundo não tem teto. O azul do céu é o próprio ar. O Japão fica é lá embaixo — e apontei para o chão. — O mundo é redondo feito uma bola. Lá para cima não tem país mais nenhum não, só o céu mesmo, mais nada.

Ele fez uma carinha aborrecida, um gesto de desilusão:

— Então este Brasil é mesmo o fim do mundo. Daqui pra lá não tem mais nada...

Difícil de lhe explicar o que até mesmo a mim parece meio esquisito: o mundo ser redondo, o Japão estar lá embaixo, os japoneses de cabeça pra baixo, como é que não caem? Às vezes, andando na rua e olhando para cima, eu mesmo tenho medo de cair.

Na primeira oportunidade compro e trago para casa um mapa-múndi: um desses globos terrestres modernos, aliás de fabricação japonesa, feito de matéria plástica e que se enchem de ar, como os balões. O menino não lhe deu muita importância, quando apontei nele o Japão e a Inglaterra, o Brasil, os países todos. Limitou-se a fazê-lo girar doidamente, aos tapas, até que se desprendesse do suporte de metal. Logo se dispôs a sair jogando futebol com ele, não deixei. Consegui convencê-lo a ir destruir outro brinquedo, o secador de cabelo da mãe, por exemplo, que faz um ventinho engraçado

— e assim que me vi só, tranquei-me no escritório para apreciar devidamente a minha nova aquisição.

Com o mundo nas mãos, descobri coisas de espantar. Descobri que a Coreia é muito mais lá para cima do que eu imaginava — uma espécie de **penduricalho** da China, ali mesmo **no costado** do Japão. O que é que os Estados Unidos tinham de se meter ali, tão longe de casa? O Vietnã nem me fale: uma **tripinha de terra** ao longo do Laos e do Camboja. Aliás, a confusão de países por ali, eu vou te contar. Tem a Tailândia e tem **Burma**, dois países de pernas compridas, tem a Malásia, a Indonésia. A Tasmânia não tem. Pelo menos não encontrei. Continua sendo para mim apenas a terra daquele selo enorme que em menino era o melhor da minha coleção. Dou um **piparote** no mundo e ele gira diante de meus olhos, para que eu descubra o que é mais que tem. Outra confusão é ali nas Arábias, onde o pau anda comendo: Síria, Líbano, Arábia Saudita, Iêmen, e o diabo de um país cor-de-rosa chamado **Hadramaut** de que nunca ouvi falar. Estou ficando bom de Geografia.

Duvido que alguém me diga onde fica Andorra. A última pessoa a quem perguntei me disse que ficava nos limites de Aznavour. Pois fica é logo aqui, **encravada** entre a França e a Espanha, um paisinho de nada, vê quem pode. E fez aquele sucesso todo no Festival da Canção. **Em compensação**, a Antártida é muito maior do que eu pensava, ocupa quase todo o polo sul. E é bem no centro dela que eu tenho de soprar para encher o mundo.

De repente me vem uma ideia meio **paranoide**. De tanto apalpar o globo de plástico, ele acabou meio murcho, acho que o ar está se escapando. E quando me disponho a enchê-lo de novo, imagino que eu seja um ser imenso solto no espaço, botando a boca no mundo para enchê-lo com meu sopro. O nosso planeta é mesmo

Ilustra Cartoon/Arquivo da editora

uma bolinha perdida no **cosmo**, e do tamanho desta que tenho nas mãos é que os astronautas devem tê-lo visto da Lua: uma linda esfera de manchas coloridas, com seus oceanos cheios de peixes e **singrados** por navios, as cidades agarradas aos continentes, ruas cheias de automóveis, casas cheias de gente, o ar riscado de aviões, de gaivotas e de urubus... Tudo isso pequenino, insignificante, **microscópico**, os homens se explorando mutuamente, se maltratando, se assassinando para colher um segundo de satisfação ao longo dos séculos de História, não mais que alguns minutos em face da eternidade. Que aventura mais **temerária**, a de Deus, escolhendo caprichosamente este lindo e insignificante planetinha para a ele enviar através dos espaços o seu Filho feito homem, com a missão de **redimir** a nossa pobre humanidade.

Faço votos que tenha valido a pena e que um dia ela se veja redimida. Até lá, este mundo não passará mesmo de uma bola, como esta que meu filho Bernardo, irrompendo alegremente no escritório, me arrebata das mãos e sai chutando pela casa.

Fernando Sabino na sala de aula, de Fernando Sabino. São Paulo: Panda Books, 2007.

Burma: atual Mianmar (também antiga Birmânia), país do sul da Ásia.
cosmo: espaço, Universo.
em compensação: por outro lado.
encravada: encaixada, embutida.
Hadramaut: região que atualmente pertence ao Iêmen (ao sul da Arábia Saudita).
microscópico: que só pode ser visto pelo microscópio; muito pequeno, diminuto, ínfimo.
no costado: nas costas, na parte de trás (do Japão); litoral, margem.
paranoide: paranoica, louca, maluca.
penduricalho: parte, pedaço sem importância (de algo maior); pingente, enfeite, badulaque.
piparote: movimento com os dedos para empurrar alguma coisa; peteleco.
redimir: salvar, libertar, perdoar.
singrados: navegados, atravessados, percorridos.
temerária: que causa temor, medo; arriscada.
tripinha de terra: pequena porção de terra.

Ilustra Cartoon/Arquivo da editora

Por dentro do texto

1 O texto se inicia com uma conversa. Que pessoas estão conversando?

....

2 Qual é o assunto da conversa?

....

3 Na opinião de Bernardo, por que o Brasil é "mesmo o fim do mundo"?

....

4 De que outras formas se pode usar a expressão "o fim do mundo"?

....

....

....

5 Por que o pai tem dificuldade em explicar que o mundo é redondo?

....

6 Por que o pai comprou um globo terrestre de plástico com o mapa do mundo?

....

7 Isso ajudou o menino a entender que o mundo é redondo? Justifique sua resposta.

....

....

A **crônica** é uma narrativa curta a respeito de um fato comum do dia a dia do autor. A crônica apresenta poucos personagens. Em uma **crônica argumentativa**, o autor não apenas narra um fato, mas também reflete e opina sobre ele, usando argumentos para defender sua opinião.

8 Explique o título do texto.

....

....

9 Marque a alternativa que explica o significado da expressão "o mundo nas mãos" na seguinte frase:

Vocês, jovens, têm o mundo nas mãos.

- [ ] Os jovens têm o globo terrestre nas mãos.
- [ ] Os jovens têm a capacidade de mudar o mundo.

10 Como o autor descreve nosso planeta?

....

11 Explique a expressão destacada no trecho:

Outra confusão é ali nas Arábias, onde **o pau anda comendo**: Síria, Líbano, Arábia Saudita, Iêmen [...]

....

....

....

12 Que crítica o autor faz à humanidade?

....

....

....

13 Você concorda com essa crítica do autor? Por quê?

....

....

Produção relâmpago

Olhe ao seu redor: muita coisa pode virar uma crônica!

Você se considera uma criança atenta, curiosa e observadora? Quando está caminhando tem o costume de olhar a paisagem, as pessoas, os animais e tudo mais ao seu redor?

Você já aprendeu que as crônicas são produzidas a partir de situações do cotidiano. Nesta seção, você e seus colegas vão listar algumas situações do dia a dia que poderiam ser tema ou motivar a escrita de uma crônica. Para ajudá-los, observe as imagens a seguir e converse sobre elas com o professor e os colegas.

DC_Aperture/Shutterstock

Monkey Business Images/Shutterstock

Just Life/Shutterstock

Monkey Business Images/Shutterstock

- Em seu caderno, escreva as situações representadas nas imagens e outras que surgirem durante a discussão em grupo.

Leitura 2

Para passear, brincar, se exercitar, trabalhar... Uma bicicleta serve para muitas coisas, até para fazer uma crônica!

Leia a seguir a crônica que Isabella Cocchiola Silva, 12 anos, escreveu para um jornal.

https://g1.globo.com/ciencia-e-saude/noticia/2019/07/29/cientistas-descobrem-tres-novos-planetas-fora-do-sistema-solar-com-ajuda-de-satelite-da-nasa.ghtml

Uma bicicleta na cidade de São Paulo

Isabella Cocchiola Silva, 12

Colunista da **Folha**

Nas ruas de São Paulo, todas cheias de carros, via-se apenas uma bicicleta, pedalada por uma moça.

Eu achava muito engraçado ver o contraste.

Era uma via muito movimentada, onde todo mundo andava de maneira apressada, mas era só olhar para o lado que era possível ver a tal bicicletinha vermelha, com a mulher que pedalava calma e delicadamente.

Foi nesse dia que comecei a pensar a respeito da pressa na cidade.

Nas ruas, era um carro mais desesperado do que o outro, numa corrida diária e interminável.

E o que será que aquela moça pensava a respeito disso tudo? E o que será que as pessoas pensavam a respeito disso?

No meio do trânsito então, passei a procurar sempre pela bicicleta, para me lembrar de que a vida não pede desespero e nem clama por pressa.

Com o tempo, a bicicletinha começou a morar na minha consciência — e cabia a mim pedalar na velocidade certa.

Melnikiena/Shutterstock

Uma bicicleta na cidade de São Paulo, de Isabella Cocchiola Silva. **Folha de S.Paulo**, 15 nov. 2014. Disponível em: <www1.folha.uol.com.br/fsp/folhinha/195557-uma-bicicleta-na-cidade-de-sao-paulo.shtml>. Acesso em: 14 jan. 2020.

Por dentro do texto

1 O texto foi publicado na Folhinha, caderno do jornal **Folha de S.Paulo** destinado às crianças. Qual é o público-alvo desse texto?

....

2 Quem o escreveu?

....

3 No texto, há a indicação de que Isabella é uma colunista do jornal. O que é uma colunista?

....

4 O texto gira em torno de uma cena presenciada pela narradora. Que cena foi essa? Onde a narradora estava quando a cena ocorreu? Como era esse lugar?

5 Releia este trecho.

Eu achava muito engraçado ver o **contraste**.

- De que contraste a autora está falando?

6 A cena presenciada pela autora levou-a a refletir sobre o quê?

7 Qual é a atitude da autora em relação à cena que presenciou?

☐ Ela assiste à cena e reflete sobre ela.

☐ Ela relata a cena, sem opinar sobre ela.

☐ Ela descreve a cena com todos os detalhes.

8 Releia os dois últimos parágrafos do texto e responda: O que significa "pedalar na velocidade certa"?

VOCÊ EM AÇÃO

Crônica argumentativa

Agora que você já conhece as características da crônica argumentativa, vai produzir uma. Siga as orientações e mãos à obra!

Objetivo da produção: redigir uma crônica para: organizar um mural, publicar em jornal ou blogue da escola ou fazer uma antologia de crônicas.

Público-alvo: colegas da turma e da escola e familiares.

Planejando suas ideias

1 Com a ajuda de um familiar, pesquise em jornais, revistas ou na internet uma reportagem sobre um dos temas que você e os colegas listaram na seção **Produção relâmpago**.

2 Converse sobre a reportagem com um familiar e anote as respostas no caderno:

- Qual é o assunto da reportagem?
- Qual sua opinião sobre ele?
- Esse assunto tem relação com você ou com as pessoas com quem convive?
- As informações da reportagem podem mudar de alguma forma o mundo em que vivemos?
- Que sentimentos esse texto desperta em você?

Rascunho

Faça o rascunho da sua crônica nas linhas a seguir. Organize seu texto da seguinte forma:

- No **1º parágrafo**, faça um pequeno relato da reportagem.
- Em seguida, escreva em um parágrafo sua opinião sobre o assunto da reportagem.

- Tente relacionar o assunto da reportagem com sua vida em particular e com as pessoas, de maneira geral. Use dois parágrafos para isso.
- Anote os sentimentos que a leitura da reportagem despertou em você. Faça mais um ou dois parágrafos.
- Crie um título bem interessante para sua crônica.

(título)

Revisando suas ideias

Troque sua crônica com a de um colega e peça a ele que a avalie seguindo o quadro abaixo.

	Sim	Não
A crônica está de acordo com o tema?		
Há a opinião do autor sobre o tema?		
O autor descreve seus sentimentos em relação ao tema?		
O texto está organizado em parágrafos?		
A letra está legível?		
A grafia das palavras e a pontuação estão corretas?		
O título está adequado ao assunto e chama a atenção do leitor?		

Texto final

1 Em uma folha à parte, reescreva a versão final do seu texto, seguindo as observações do colega e as orientações do professor.

2 Não se esqueça de escrever o título de sua crônica e seu nome. Se quiser, ilustre seu texto com um desenho ou uma colagem.

3 Em seguida, reúna-se em grupo para uma leitura compartilhada. Cada aluno do grupo vai ler para os colegas a crônica que escreveu.

4 Após a leitura, você e os colegas vão escolher, de comum acordo com o professor, em que locais vão divulgar ou publicar as crônicas produzidas pela turma. Vocês podem:

- fazer um mural no corredor da escola ou em outro local bem visível que o professor escolher;
- publicar no jornal da escola, no jornal da cidade ou no blogue da escola;
- reunir todas as produções em uma antologia, que é uma coleção de textos. Essa antologia pode ficar disponível na biblioteca ou com o professor, para que cada aluno possa levá-la para casa e mostrar à família os trabalhos realizados.

UNIDADE 4

CULTIVANDO AMIZADES

Entre nesta roda

- O que você vê nesta cena? Descreva-a.
- Você já vivenciou ou gostaria de vivenciar situações como as da cena? Quais? Com quem?
- Você tem amigos e amigas? O que mais gosta de fazer com eles?

Nesta Unidade vamos estudar...

- Diário
- Texto teatral
- Poema

Marcos de Mello/Arquivo da editora

10 DIÁRIO

Leitura 1

Ter amigos é muito bom, não é mesmo? Com eles brincamos, nos divertimos, compartilhamos experiências, segredos... A seguir, você vai ler o trecho de um texto no qual a personagem Serafina conversa com um amigo muito especial para ela: um diário.

Ilustrações: Eduardo Rossi/Arquivo da editora

O diário escondido da Serafina

Querido diário:

Você não sabe o que aconteceu nesse fim de semana que passou: aprendi a fazer tricô com a dona Idalina, mãe da Amelinha. Só sei fazer o ponto de tricô, o mais simples, na ida e na volta, quero dizer, no direito e no avesso.

A dona Idalina até me deu um novelo de lã azul e um par de agulhas grossas para eu praticar bastante. A única coisa que está atrapalhando um pouco é o calor que continua fazendo, diário. Um horror! Tomara que o mês de março passe logo. E, por falar em passar logo, daqui a pouco chega o aniversário do meu pai: dia 2 de maio. Acho que vai ser tempo suficiente para eu fazer um cachecol de lã para dar de presente a ele. O que você acha da ideia, diário? Eu achei ótima e a minha mãe também. Amanhã mesmo vou sair com ela para comprar a lã. Cor de vinho, que é uma das cores preferidas do meu pai.

Ilustrações: Eduardo Rossi/Arquivo da editora

Daí, vou fazendo um pouquinho por dia, longe dele, claro. E a dona Idalina vai supervisionando, para não deixar escapar nenhum errinho. Que legal!

Sabe de outra coisa, diário? Acabei de ter outra ideia: a turma toda poderia aprender tricô, pra fazer um cachecol coletivo para o seu Nonô. Ele iria adorar, tenho certeza!

Tanto o meu pai como o seu Nonô sentem muito frio no pescoço. A gente podia até combinar uma coisa: cada um comprava um novelo de cor diferente e ia fazendo sua parte, para o cachecol sair listrado e bem colorido. Xi... O problema vai ser ensinar tricô pra todo mundo. Será que vai ser muito difícil, diário? Bom, não custa nada tentar. E agora vou parar de escrever, para começar a tomar as providências.

Tchau.

O diário escondido da Serafina, de Cristina Porto.
São Paulo: Ática, 2016.

Quem é ?

HÉLVIO ROMERO/Agência Estado

Cristina Porto nasceu em Tietê, no estado de São Paulo, em 1949. Estudou Letras e foi professora. Também trabalhou com publicações infantojuvenis em uma editora brasileira. Escreveu diversos livros, como **Joana Banana**, **Carlota Bolota** e **Olivia Pirulito**, e a série de livros com a personagem Serafina, entre os quais estão **Serafina: primeiras histórias**; **Serafina sem rotina**; **Serafina e o casamento do seu Nonô** e **A escolinha de Serafina**.

Por dentro do texto

1 Que expressão Serafina usa para saudar o diário?

2 Que acontecimentos Serafina relata no primeiro parágrafo? A quem ela se dirige em seu relato?

Os **diários** são textos de caráter pessoal, confessional, escritos em 1ª pessoa e com o objetivo de narrar acontecimentos do dia a dia, do cotidiano, da vida íntima ou particular das pessoas.

3 Em que mês Serafina fez o registro em seu diário? Que informações ela dá sobre esse mês?

4 Serafina compartilha com seu diário algumas ideias. Que ideias são essas? Como ela parece se sentir em relação a essas ideias?

5 No 5º parágrafo, Serafina demonstra preocupação. Qual seria o motivo?

6 Que expressão Serafina usa para se despedir de seu diário? Essa expressão é formal ou informal?

Produção relâmpago

Serafina e seus amigos presenteiam seu Nonô

Você leu que Serafina teve uma ideia: que seus amigos também aprendessem a tricotar. Agora você vai imaginar que a ideia da menina tenha se concretizado e que ela e os amigos produziram um cachecol colorido. Como Serafina registraria em seu diário essa experiência? No espaço a seguir, produza uma página do diário de Serafina, como se fosse a menina, relatando o dia em que ela e os amigos presentearam seu Nonô.

Leitura 2

Como é a rua onde você mora? Leia um trecho de diário em que um menino chamado Zuza conta um pouco do seu cotidiano na rua onde ele mora. Converse com os colegas para saberem se essa rua é parecida com a rua de vocês.

Ilustrações: Eduardo Rossi/Arquivo da editora

Meu diário: Zuza

3 DE JULHO

Nossa rua tem um problema. É o Chico. O pai dele é daqueles que não deixam ninguém botar o nariz pra fora de casa. Jogar bola na rua? Não pode. Ir no bar tomar sorvete? Não pode. Comprar figurinha ali na esquina? Nem pensar. Coitado. O Chico parece um prisioneiro de guerra. Um **pistoleiro** assassino, desses que vivem a vida atrás das grades. Nunca pode nada. Fica em casa chupando o dedo. Dá pena uma pessoa assim tão sem ter o que fazer. A gente jogando bola a tarde inteira e ele na janela babando. A turma brincando de polícia e ladrão e ele lá. Quando é domingo, é dia do Chico ir almoçar na casa da avó. Vai ele, a mãe, o pai e aquela chata da irmã dele, a Clarabel, aquela quatro-olhos que vive jogando água na gente com o esguicho só pra encher.

pistoleiro: bandido.

Ilustrações: Eduardo Rossi/Arquivo da editora

Saem todos penteados, perfumosos e engomosos. O Chico de topete e meia branca até o joelho. Entram no carro e partem, deixando a rua inteira parada de queixo caído.

A casa do Chico é bem bonita, o carro do Chico é último tipo e a família dele é tão chique, tão chique que parece um chiqueiro. Só que o pai dele é uma **fúria**. Igual ao pai do Dudu, o moleque que antes morava aqui e agora mudou no fim do ano pra Botucatu. O pai do Dudu era tão bravo que parecia um cachorro. Falando sério! Um dia a gente grudou na porta da casa dele uma mensagem em código secreto:

Nossa! Deu um bode! Ele decifrou a mensagem não sei como. Foi todo mundo de castigo. A rua inteira, porque ninguém dedou ninguém.

Nossa rua tem um problema, de Ricardo Azevedo. São Paulo: Ática, 2018.

fúria: pessoa fora de si, raivosa.

Quem é?

Marcus Leoni/Folhapress

Ricardo Azevedo nasceu em São Paulo em 1949. É escritor, ilustrador e pesquisador sobre cultura popular. Muitas de suas obras exploram contos populares, adivinhas, lendas e quadrinhas. Tinha apenas 16 anos quando escreveu seu primeiro livro. Atualmente, já publicou mais de cem livros infantis; entre eles estão: **No meio da mata escura tem um pé de maravilha, Armazém do folclore, O livro dos pontos de vista, Contos de adivinhação, O sábio ao contrário, Um homem no sótão** e **A casa do meu avô**.

Por dentro do texto

1 Que trechos do texto dão pistas de que se trata de um diário?

....

2 Qual é a principal preocupação de Zuza, o personagem que escreve o diário?

....

....

3 Zuza também cita outras pessoas. Quem são elas? O que ele pensa sobre essas pessoas?

4 Em quais trechos abaixo Zuza compara a vida da turma com a vida de Chico?

- [ ] "Nossa rua tem um problema."
- [ ] "A gente jogando bola a tarde inteira e ele na janela babando."
- [ ] "A turma brincando de polícia e ladrão e ele lá."

5 Com quem Zuza compara o pai de Chico? Por quê?

6 Que outras comparações são feitas por Zuza? Por quê?

7 No texto há uma mensagem em "código secreto". Por quê? Na porta da casa de quem ela foi colocada? Decifre a mensagem.

....

....

....

....

8 Por que os meninos ficaram de castigo?

....

9 Releia o trecho a seguir e explique o sentido da expressão em destaque.

Fica em casa **chupando o dedo**.

10 Quando escrevemos diários, narramos fatos, descrevemos pessoas e lugares e damos opiniões. Dos trechos abaixo, quais **não** revelam a opinião de Zuza sobre Chico? Justifique sua resposta no caderno.

- [ ] "Coitado."
- [ ] "Nunca pode nada."
- [ ] "Dá pena uma pessoa assim tão sem ter o que fazer."
- [ ] "O Chico de topete e meia branca até o joelho."
- [ ] "Quando é domingo, é dia do Chico ir almoçar na casa da avó."

11 Que expressões foram usadas para descrever a casa, o carro e a família de Chico?

....

12 Assinale as ações que o pai de Chico o proibia de fazer.

- [ ] Jogar bola na rua.
- [ ] Sair de casa para brincar.
- [ ] Ir ao bar tomar sorvete.
- [ ] Ir à casa da avó aos domingos.

13 Para se referir à irmã de Chico, Zuza usou a expressão "quatro-olhos". Ao usar essa expressão, Zuza agiu de modo respeitoso? Como Clarabel teria se sentido ao ouvir Zuza se referindo a ela dessa forma? De que outro modo mais respeitoso Zuza poderia se referir a ela? Converse com os colegas e o professor.

VOCÊ EM AÇÃO

Diário

Você aprendeu que o diário é o registro em que as pessoas relatam, contam o que fazem em seu dia a dia, o que pensam e o que sentem. Agora, você vai produzir uma página de diário relatando um acontecimento especial da sua vida.

Objetivo da produção: redigir uma página de diário, para organizar um mural, ler e comentar com os colegas ou publicar no blogue ou *site* da escola.

Público-alvo: colegas da turma, alunos e professores da escola.

Planejando suas ideias

1 Para produzir a página de diário, será preciso organizar as ideias. Siga as instruções abaixo.

- Lembre-se de um acontecimento inesquecível, especial, que tenha ocorrido com você. Por exemplo:
  - ✓ um amigo novo e as brincadeiras que fizeram;
  - ✓ um dia especial na escola, uma aventura, uma festa, um aniversário;
  - ✓ um presente, um animal de estimação que você ganhou, etc.
- Pense, reflita, descreva:
  - ✓ Que dia foi esse (a data que vai aparecer em seu diário)?
  - ✓ Como estava o tempo, a paisagem, a natureza, o local?
  - ✓ Quem estava lá? Como eram as pessoas? O que faziam?
  - ✓ O que aconteceu de inesquecível nesse dia?

2 Narre esse acontecimento em forma de uma página de diário, como vimos nos textos anteriores.

3 Siga algumas dicas:

- Descreva suas emoções e seus sentimentos, dê sua opinião a respeito do acontecido, das pessoas, dos lugares, etc.
- Não se esqueça: o diário é escrito em 1a pessoa: **eu**.
- Se quiser, você pode narrar fatos acontecidos em mais de um dia, mas não se esqueça de sempre colocar as respectivas datas.

Rascunho

Escreva, no espaço a seguir, o rascunho da sua página de diário. Lembre-se de colocar a data (dia, mês, ano) dos acontecimentos.

Data ..../........../..........

Querido diário,

Revisando suas ideias

Troque seu texto com o de um colega e faça a revisão seguindo o quadro abaixo.

	Sim	Não
Foi indicada a data do acontecimento?		
O relato do acontecimento e as descrições (do dia, tempo, pessoas, lugares) foram organizados em parágrafos?		
O acontecimento foi narrado em 1ª pessoa?		
O autor descreveu suas emoções, seus sentimentos e suas opiniões diante dos acontecimentos e das pessoas?		
O autor se dirigiu ao diário como se ele fosse um amigo íntimo, um confidente?		
A grafia das palavras e a pontuação estão corretas?		

Texto final

1 Em uma folha à parte, reescreva a versão final da sua página de diário. Siga as observações do colega e as orientações do professor.

2 Não se esqueça de colocar a data, a saudação e seu nome no final da página. Se quiser, ilustre o diário com fotos, colagens ou desenhos relacionados ao acontecimento. Nesse caso, coloque também legendas nas imagens.

3 Depois, você e os colegas vão escolher, de comum acordo com o professor, em que locais vão divulgar ou publicar as páginas de diário produzidas pela turma. Vocês podem: fazer um mural, no corredor da escola ou em outro local bem visível que o professor escolher; ler, comentar e trocar opiniões a respeito das páginas de diário produzidas pela turma e expostas no mural; publicar no blogue ou *site* da escola.

11 TEXTO TEATRAL

Leitura 1

Você gosta de compartilhar brinquedos e lanches com seus amigos? Você fica feliz quando alguém compartilha algo com você? Leia o texto a seguir sobre um cachorro que não gostava de compartilhar...

Os cachorros e o osso

Personagens:

Cachorro 1

Cachorro 2

Cachorrão

Gangue do Cachorrão (figurantes)

Cenário:

na rua

Eduardo Rossi/Arquivo da editora

Cachorro 1 e Cachorro 2 caminham juntos pela rua.
Cachorro 1 acha um osso.

CACHORRO 2 Ora veja: achamos um osso!

CACHORRO 1 "Achamos", não.

CACHORRO 2 Como não!? Isto não é um osso?

CACHORRO 1 Claro que é um osso, você não está vendo?

CACHORRO 2 Então! É o que eu disse: achamos um osso!

CACHORRO 1 É um osso. Mas não fomos nós que o achamos: eu achei!

CACHORRO 2 *(desapontado)*

Ah...

Surgem o Cachorrão e sua gangue, ameaçadores.

CACHORRÃO Alguém aí achou meu osso?

CACHORRO 1 *(apavorado)*

Esse... esse osso é...?

CACHORRÃO *(mais ameaçador)*

Esse osso é meu! Por quê?

CACHORRO 1 *(para Cachorro 2)*

Estamos perdidos...

CACHORRO 2 "Estamos", não: você está.

Não foi você quem achou o osso?

(para a plateia) Amigos que não dividem a alegria, não venham dividir a tristeza...

Cai o pano: Fim.

cai o pano: expressão do teatro que significa "cai ou fecha-se a cortina (de pano)" para encerrar o espetáculo; fim de cena e fim da apresentação.

Quando os bichos faziam cena: fábulas de Esopo adaptadas para teatro, de José Carlos Aragão. São Paulo: Planeta Infantil, 2012.

Eduardo Rossi/Arquivo da editora

Quem é?

Goimar Dantas de Souza/Acervo da fotógrafa

José Carlos Aragão nasceu em Governador Valadares, no estado de Minas Gerais, e mora em Belo Horizonte. É jornalista, ator, poeta, cartunista, escritor, entre outras coisas. Adaptou para teatro obras de consagrados autores, como Guimarães Rosa, Shakespeare, Cervantes e Esopo. Tem mais de 40 prêmios literários nos gêneros poesia, literatura infantil e juvenil, conto e crônica.

Por dentro do texto

1 Você leu um texto teatral. Quem são os personagens desse texto?

....

....

2 Onde a cena se passa?

....

3 Que elementos poderiam compor o cenário do texto lido?

....

....

4 No texto há indicação dos personagens e dos figurantes. Pesquise no dicionário o significado da palavra **figurante** e escreva-o.

....

....

O **texto teatral** é escrito para ser encenado, isto é, representado por atores. A história se passa em determinado lugar, com determinados personagens, e tem uma sequência: início, conflito e resolução do conflito.

O texto teatral é composto por diálogos, que são falados pelos atores. Ele apresenta a indicação dos gestos, movimentos e sentimentos dos personagens, além das ações, do cenário, entre outras informações importantes para a encenação. Esse recurso é chamado de **rubrica**.

Os textos teatrais costumam ser adaptados de outros textos, como: romances, roteiros de cinema, contos, fábulas, etc.

5 Como surgiu o conflito entre os cachorros?

....

....

6 Que argumento o Cachorro 1 usou para não dividir o osso?

7 Releia:

CACHORRO 1 É um osso. Mas não fomos nós que o achamos: <u>eu</u> achei!

- Por que a palavra **eu** está destacada?

8 Ao perceber que o Cachorro 1 não dividiria o osso, como o Cachorro 2 reagiu?

9 O gesto de não dividir o osso trouxe alguma consequência para o Cachorro 1?

- Copie a rubrica que indica o modo como o Cachorro 1 reagiu.

10 Você considera a atitude do Cachorro 1 correta? E a do Cachorro 2?

Leitura 2

Você já assistiu a algum musical? Musical é uma peça teatral que mistura música, dança e diálogos. O texto a seguir é um trecho de um musical muito conhecido: **Os saltimbancos**. Esse musical conta a história de quatro animais que abandonam seus donos porque eram maltratados e juntos desejam fugir para a cidade e formar um grupo musical.

Os saltimbancos

JUMENTO — Então, vamos começar os ensaios?

CACHORRO — Sim, senhor maestro.

GALINHA — Vamos.

GATA — Falou, bicho.

JUMENTO — Ótimo, vocês conhecem as notas?

CACHORRO — Sim, senhor, conheço duas.

GALINHA — Eu conheço três.

GATA — Eu? Umas trinta e nove.

JUMENTO — Eh! Ainda bem que o burro aqui sou eu. Vamos ao trabalho, eu toco a escala e vocês cantam as notas, tá?

Eduardo Rossi/Arquivo da editora

GALINHA — Dó, tem dó, quem viveu junto, não pode nunca viver só.

CACHORRO — Ré, reza uma prece, ave-maria...

GALINHA — Mi, milho verde, milho verde...

GATA — Fá, faró, faró, faró, faró, fá, fá, fá.

CACHORRO — Sol, ó sol, tu que és o rei dos astros.

GALINHA — Lá, lava roupa todo dia, que agonia.

GATA — Si, siiiiiiiiiii...

JUMENTO — Tá certo, já entendi, vamos desistir.

GATA — Ah! Não, a gente 'tava só brincando!

JUMENTO — Brincando, brincando, isso aqui é música.

GALINHA — Ah! Vamos tentar de novo?

JUMENTO — Tá bem, repitam comigo, dó, ré, mi, fá, sol, lá, si, dó.

Os saltimbancos, de Chico Buarque e Sergio Bardotti. Belo Horizonte: Autêntica, 2017.

Eduardo Rossi/Arquivo da editora

Quem é ?

Lucas Tavares/Folhapress

Chico Buarque nasceu no Rio de Janeiro, em 1944. É cantor, compositor e escritor. Reconhecido internacionalmente, é um dos principais nomes da música popular brasileira. Estudou Arquitetura, mas sua paixão sempre foi ser artista. Um de seus musicais de sucesso é **Os saltimbancos**, inspirado na obra **Os músicos de Bremen**, que foi traduzido e adaptado da peça *I musicanti*, escrita pelo italiano **Sergio Bardotti**.

Por dentro do texto

1 Quem são os personagens que aparecem no trecho do texto lido?

....

2 O que a cena retrata?

....

3 Releia:

JUMENTO — **Eh**! Ainda bem que o burro aqui sou eu.

- O termo em destaque indica que o Jumento está:

☐ alegre. ☐ triste. ☐ admirado. ☐ nervoso.

4 Releia este trecho:

JUMENTO — **Tá** certo, já entendi, vamos desistir.

GATA — Ah! Não, a gente '**tava** só brincando!

- Por que as palavras em destaque foram escritas dessa forma? Converse com os colegas e o professor.

5 Releia:

JUMENTO — Tá certo, já entendi, vamos desistir.

- Por que o Jumento quis desistir do ensaio?

....

6 Crie uma rubrica para a seguinte fala:

JUMENTO — Brincando, brincando, isso aqui é música.

....

Produção relâmpago → Esquete

Você sabe o que é um **esquete**? **Esquete** é uma pequena encenação teatral, rápida, que dura poucos minutos e costuma ser engraçada.

Agora, você vai reescrever a piada abaixo transformando-a em um esquete. Para produzir o texto, você não pode se esquecer de:

- relacionar os personagens;
- descrever o cenário;
- escrever os diálogos indicando o nome dos personagens que falam;
- indicar, entre parênteses, as rubricas, ou seja, os gestos e movimentos que os atores devem fazer.

Juquinha está livre

O Juquinha pergunta ao professor, todo preocupado, pois não havia feito a lição:

— Professor, alguém pode ser castigado por algo que não fez?

— Não, Juquinha! — respondeu o professor.

— Oba! Estou livre!

Coleção Piadas para crianças: 200 piadas. EdiCase Digital. p. 19.

Utilize as linhas abaixo para escrever o texto do seu esquete.

VOCÊ EM AÇÃO

Texto teatral

O texto teatral **Os cachorros e o osso**, que você conheceu na **Leitura 1**, foi uma adaptação de uma fábula de Esopo. Além das fábulas, outros gêneros de texto podem ser adaptados para o teatro, como os contos. Agora, você e seus colegas farão a adaptação de um texto para o teatro.

Objetivo da produção: produzir, em grupo, um texto teatral adaptado de uma fábula ou de um conto, para fazer uma leitura dramatizada em sala de aula.

Público-alvo: colegas da sala.

Planejando suas ideias

1 A turma deverá se organizar em cinco grupos.

2 Cada grupo deverá pesquisar contos ou fábulas e selecionar um texto para adaptá-lo.

3 Cada grupo deve ler o texto selecionado e discutir:

- Qual é o cenário da história?

....

- Que personagens fazem parte da história?

....

- Qual é o conflito da história?

....

....

- Como o conflito foi resolvido?

....

....

Rascunho

Agora, o grupo vai escrever a peça teatral. Usem as linhas a seguir para fazer o rascunho:

....

(título)

Personagens: ....

....

Cenário: ....

....

Texto: ....

....

....

....

....

....

....

....

....

....

....

....

....

....

....

Revisando suas ideias

1 Troquem o texto com o de outro grupo e avaliem a adaptação que fizeram seguindo o quadro abaixo.

	Sim	Não
A história apresenta a sequência: início, conflito e resolução do conflito?		
O cenário foi descrito?		
Os personagens foram apresentados?		
As falas dos personagens estão marcadas corretamente?		
Foram indicadas as rubricas?		
A grafia das palavras e a pontuação estão corretas?		

2 Em seguida, troquem ideias a respeito dos textos teatrais produzidos e apresentem sugestões. Peçam também ao professor que leia o trabalho e lhes dê orientações de como melhorá-lo.

Texto final

1 Em uma folha à parte, reescrevam o texto com as modificações necessárias. Se quiserem, escolham alguém do grupo para desenhar ou ilustrar o texto de acordo com o tema.

2 Não se esqueçam de assinar o trabalho com o nome de todos os componentes do grupo.

3 Com tudo pronto, entreguem a versão final para o professor, que vai organizar uma **leitura dramatizada** dos textos teatrais produzidos pela turma.

Ilustra Cartoon/Arquivo da editora

12 POEMA

Leitura 1

Você gosta de poesia? Já se divertiu ou brincou com palavras? Acompanhe a leitura do poema a seguir.

Convite

Poesia
é brincar com palavras
como se brinca
com bola, papagaio, pião.

Só que
bola, papagaio, pião
de tanto brincar
se gastam.

Ilustra Cartoon/Arquivo da editora

Nuvem Balão

Ilustra Cartoon/Arquivo da editora

As palavras não:
quanto mais se brinca
com elas
mais novas ficam.

Como a água do rio
que é água sempre nova.

Como cada dia
que é sempre um novo dia.

Vamos brincar de poesia?

Poemas para brincar, de José Paulo Paes.
São Paulo: Ática, 2011.

Quem é ?

Antonio Milena/Arquivo da Editora

José Paulo Paes (1926-1998) nasceu em Taquaritinga, no estado de São Paulo, e era poeta, tradutor, ensaísta e crítico literário. Iniciou suas atividades colaborando na revista **Joaquim** e publicando seu primeiro livro, **O aluno**, em 1947. Poeta de destaque, escreveu para vários suplementos literários e jornais do país. Também foi autor de poemas infantis, que estão reunidos em uma dezena de livros, alguns deles considerados clássicos da literatura infantil brasileira. Entre eles se destacam: **Poemas para brincar** e **Um passarinho me contou**, que receberam o Prêmio Jabuti em 1991 e 1997, respectivamente.

Por dentro do texto

1 O poema faz um convite. Qual é ele?

....

- A quem é feito esse convite?

....

2 De acordo com o poema, o que é poesia?

....

3 Releia:

Poesia
é brincar com palavras
como se brinca
com bola, papagaio, pião.

- Os versos acima apresentam uma comparação. Qual?

....

....

4 Segundo o poema, quanto mais se brinca com as palavras, mais novas elas ficam. Explique.

....

....

....

5 A que elementos da natureza são comparadas as palavras? Explique.

....

....

O **poema** é um texto literário que geralmente brinca com a sonoridade das palavras. Pode apresentar: **versos**, **estrofes** e **rimas**. Cada linha do poema é um **verso**. Um conjunto de versos chama-se **estrofe**. **Rima** é a repetição de sons iguais ou parecidos em duas ou mais palavras. Há versos que apresentam ritmo, mas não têm rimas.

6 O poema **Convite** tem quantos versos?

....

7 O poema tem quantas estrofes?

....

8 Os poemas podem apresentar repetição de palavras, de expressões e de versos para construir o ritmo e a sonoridade. No poema **Convite**, que palavras se repetem?

....

....

....

9 Como você viu, um poema pode apresentar **rimas**. Leia o boxe.

As **rimas** podem ser **externas** ou **internas**:

- Dizemos que as rimas são externas quando as palavras que rimam estão no fim dos versos.
- Dizemos que as rimas são internas quando as palavras que rimam estão no meio dos versos.

a) Identifique as palavras que rimam no poema **Convite**.

....

b) As rimas do poema estão no fim ou no meio dos versos?

....

Leitura 2

Para você, o que é o amor? Como você costuma demonstrar seus sentimentos para seus amigos e familiares? Você tem o costume de agradecer por alguma gentileza, dizer “bom dia”, “obrigado” ou retribuir um abraço? Leia o poema a seguir e descubra como a poesia pode explicar o que é o amor.

Amor

É parecido
Com um
Campo florido.

Tem sabor de pudim
De caramelo,
Com casquinha
De açúcar queimado
E cobertura
De marshmallow.

Pode ser também
Quando alguém
Cuida de um neném.

Ou, talvez,
Quando contam
Uma história bonita
Mais de uma vez.

Tem cheiro de sabonete.
Tem gosto de sorvete.

É como um brinquedo.
É como um segredo.

Tem que
Ser grande,
Maior que
O mar.
Tem que
Ser lindo,
De fazer
Chorar.

Girassóis e outras poesias, de Lalau e Laurabeatriz.
São Paulo: Companhia das Letrinhas, 1995.

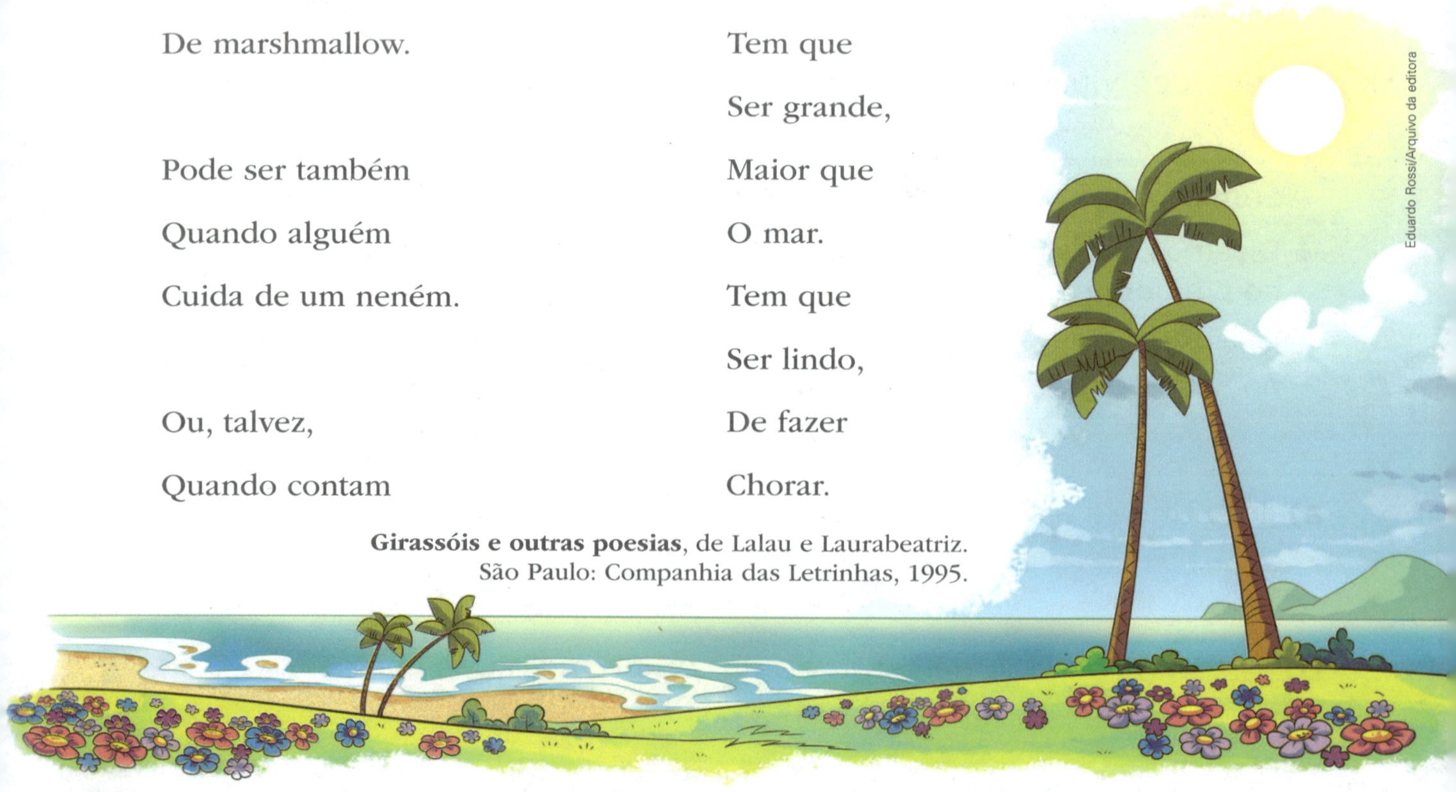
Eduardo Rossi/Arquivo da editora

Por dentro do texto

1 O poema fala sobre um sentimento. Qual é ele?

....

2 O poema **Amor** tem como objetivo:

- [ ] dar informações sobre o amor.
- [ ] explicar poeticamente um sentimento.
- [ ] mostrar que é impossível explicar o que é o amor.
- [ ] provocar o riso no leitor.

3 Releia:

Tem cheiro de sabonete.

Tem gosto de sorvete.

- Em sua opinião, por que foram feitas essas comparações? Converse com os colegas e o professor.

4 Quantas estrofes e quantos versos tem o poema **Amor**?

....

5 Identifique as rimas no poema e circule-as.

6 Explique com suas palavras os seguintes versos:

Tem que
Ser lindo,
De fazer
Chorar.

Produção relâmpago → Criação de rimas

Para você, onde está a poesia no dia a dia? Inspire-se nos poemas que leu, use a imaginação e complete os espaços abaixo para criar um poema bem bonito.

Lembre-se de que você deve criar rimas e explorar a sonoridade das palavras.

O dia a dia da poesia

Poesia é ....
.... manhã.

Poesia faz ....
sob o sol do meio-dia.

Poesia ....
.... de tardezinha.

Poesia ....
.... à noite.

Por isso ela ....
....

E, feliz, ...

VOCÊ EM AÇÃO

Poema

Depois de ouvir e ler poemas e conhecer como são feitas as rimas, chegou a hora de você produzir o seu poema.

Objetivo da produção: criar um poema e participar de um sarau, fazer uma antologia ou apresentá-lo em um varal.

Público-alvo: alunos e professores da escola.

Planejando suas ideias

1 Você já observou que coisas muito simples podem nos fazer felizes? Pense a respeito disso e faça uma lista de 12 coisas simples do seu dia a dia. Coisas de que você gosta muito e que fazem você feliz: podem ser ações, brincadeiras, animais, lugares, elementos da natureza, plantas, sensações, imagens, pessoas, etc. Escreva-as a seguir.

....

....

....

2 Faça no caderno uma lista de palavras ou expressões associadas às coisas que você listou e os motivos que fazem você gostar delas. Por exemplo:

arco-íris → colorido, bonito, alegria, esperança

Ilustra Cartoon/Arquivo da editora

3 Pense em palavras que rimem com as que você escolheu. Pense também em palavras e sons que possam ser repetidos para dar sonoridade e ritmo ao seu poema. Lembre-se de organizar o poema em versos e estrofes.

Rascunho

Escreva, nas linhas abaixo, o rascunho do seu poema. Dê um título bem criativo a ele.

(título)

Revisando suas ideias

Troque seu poema com o de um colega, para que cada um leia e avalie o texto do outro. A leitura deve ser feita em voz alta, para que você possa perceber se o ritmo está harmonioso. Siga o quadro abaixo.

	Sim	Não
O texto está organizado em versos e estrofes?		
O tema do poema está de acordo com o planejamento?		
O poema apresenta rimas ou repetições de palavras para criar sonoridade e ritmo?		
O título do poema é criativo?		
Em sua opinião, o poema vai agradar ao leitor?		
A letra está legível?		
A grafia das palavras e a pontuação estão corretas?		

Texto final

1 Em uma folha à parte, reescreva a versão final do poema, seguindo as observações do colega e as orientações do professor.

2 Não se esqueça de que o título deve estar no início da folha. O texto deve ser organizado em versos e estrofes. Atente às margens direita e esquerda.

3 Se quiser, ilustre seu poema com desenhos ou cole gravuras relacionadas a ele.

4 Para divulgar ou compartilhar a produção, vocês podem:

- fazer um sarau/recital com os poemas que escreveram;
- organizar uma antologia, ou seja, reuni-los em um livro, para apresentá-los a colegas de outras turmas, familiares e amigos;
- apresentá-los em forma de varal na sala de aula ou em outro local da escola.

EXPLORANDO O TEMA...

Propostas de soluções para problemas sociais

Nas últimas Unidades tivemos a oportunidade de aprender e refletir sobre nosso papel como transformadores e construtores de um mundo e uma sociedade melhores para cada um de nós e para as outras pessoas ao redor. Você notou que por meio de ações podemos transformar o mundo à nossa volta?

Podemos fazer isso cuidando melhor uns dos outros, reconhecendo direitos e deveres, monitorando, discutindo e cobrando mudanças que garantam qualidade de vida e convivência saudável entre todos ou espalhando informações que despertem nos outros esses mesmos interesses. Conhecemos várias formas de nos expressarmos sobre o que vemos, sentimos e desejamos mudar. Leia as tiras a seguir.

© Armandinho, de Alexandre Beck/Acervo do cartunista

© Joaquín Salvador Lavado (Quino)/Fotoarena

Refletindo sobre o tema

1 Do ponto de vista de Armandinho, o amor é essencial à vida de todos os seres vivos. Você concorda com ele? Converse com os colegas e o professor.

2 Na segunda tira, Mafalda pede silêncio ao amigo porque está com um doente em casa. Quem o amigo imagina que está doente?

3 Para Mafalda, quem está realmente doente?

4 Em sua opinião, o que pode estar deixando o mundo doente?

Ampliando e mobilizando ideias

1 Agora, sua tarefa é pesquisar em livros, jornais ou na internet charges ou tiras que promovam críticas ou discussões sobre:

- a falta de cuidado com o meio ambiente;
- a pobreza e a desigualdade social;
- o trabalho infantil;
- o descuido ou maltrato a idosos.

2 Depois do levantamento das informações, selecione uma tira ou charge. Em seguida, anote:

- Por que você selecionou esse texto?
- O que mais chamou a sua atenção?
- Que problema esse texto aborda?
- Que soluções você propõe para resolver esse problema?

3 Cole o texto em uma folha e escreva as respostas da atividade 2.

4 Com a ajuda do professor, você e os colegas farão uma roda para compartilhar os textos que pesquisaram. Mostre e explique por que escolheu essa charge/tira e de que forma o problema abordado poderia ser solucionado.

5 Ao final, façam um mural com as pesquisas realizadas.

SUGESTÕES PARA O ALUNO

UNIDADE 1

Livros

Viagens de Gulliver, de Jonathan Swift. Adaptação de Lúcia Tulchinski. São Paulo: Scipione.

Desde menino, Gulliver sonhava em viver grandes aventuras pelos mares do mundo. Ao se tornar adulto, abandonou a família para realizar seu sonho de infância. Nesta versão adaptada para crianças, Gulliver conta como foi parar em reinos e países exóticos e as incríveis aventuras que viveu.

Volta ao mundo, de Matt Phelan. São Paulo: LeYa.

Em uma narrativa eletrizante, o livro conta as aventuras de três personagens que aceitam o desafio de dar a volta ao mundo. O ex-mineiro Thomas Stevens vai de bicicleta. A repórter Nellie Bly embarca em uma corrida contra o tempo que se transforma em um espetáculo. O capitão aposentado Joshua Slocum zarpa em um saveiro, enfrentando piratas e mares traiçoeiros.

Filme

A viagem de Chihiro. Direção de Hayo Miyazaki. Japão, 2003.

O filme mescla aventura e fantasia e narra as aventuras de uma menina de 10 anos que está triste com o fato de ter que se mudar. Na mudança, o pai toma um atalho que levará a família, em especial, Chihiro a enfrentar grandes desafios e superação.

Série

Nalu pelo mundo. Direção de Rafael Mellin. Brasil, 2009.

A série retrata o cotidiano de uma família que viaja pelo mundo. Isabelle Nalu é filha do surfista Everaldo Pato e da cineasta Fabiana Nigol. Juntos, eles mostram ao público suas viagens em busca de aventura e das melhores ondas do planeta.

UNIDADE 2

Livros

Quem tem medo de extraterrestres?, de Fanny Joly e Jean-Noël Rochut. São Paulo: Scipione.

O personagem central dessa história só desejava voltar para casa e saborear o peixe que acabara de pescar. No entanto, seus planos são bruscamente interrompidos por um estranho objeto que sobrevoa sua cabeça. Depois de passar por inúmeras aventuras a bordo de um disco voador, o menino fica na dúvida: será que tudo não passou de um sonho?

Felipe do abagunçado, de Sylvia Orthof. São Paulo: FTD.

Felipe é um garoto de 12 anos que está vivendo a fase pré-adolescente: enquanto é ainda muito novo para algumas coisas, é muito velho para outras. Até que um dia um astronauta com poderes especiais aparece, encolhe Felipe, Bilu (seu cachorro) e dona Lili (mãe de Felipe), fazendo-os viver uma incrível aventura.

Filme

Wall-E. Direção de Andrew Stanton. Estados Unidos, 2008.

O filme conta a história de Wall-E, um robô que tem uma missão: limpar o planeta Terra de toda sujeira produzida pela humanidade. Ao conhecer Eva, outro robô, ele se apaixona e juntos terão de encontrar pelo menos uma planta na superfície terrestre e mudar o destino do planeta e da humanidade.

Unidade 3

Livros

Azul e lindo planeta Terra, nossa casa, de Ruth Rocha e Otavio Roth. São Paulo: Salamandra.

Com uma linguagem acessível, a obra mostra às crianças como agir para que a Terra não se transforme em um ambiente hostil e impossível de viver, podendo proporcionar às pessoas a chance de habitar um planeta "azul e lindo"!

Por um mundo mais bacana, de Lucia Reis. São Paulo: FTD.

Um dia, a vaca Violeta contou ao gato Corneta e à girafa Marieta que o mundo ia acabar, pois do jeito que iam as coisas, não dava para continuar. E, assim, cada um dos amigos resolveu dar sua contribuição para salvar o planeta!

Filme

Tainá: Uma aventura na Amazônia. Direção de Tânia Lamarca e Sérgio Bloch. Brasil, 2001.

Nesse filme, uma pequena índia órfã criada pelo avô se torna guardiã da floresta e vai fazer de tudo para protegê-la, cuidar de seus amigos e salvá-los.

Site

Plenarinho. Disponível em: <https://plenarinho.leg.br/>. Acesso em: 18 mar. 2020.

Dedicado às crianças, esse *site* faz parte de um programa de relacionamento entre a Câmara dos Deputados e a comunidade. Nele, há conteúdos diversos com linguagem acessível, produzidos para informar e contribuir para a formação cidadã das crianças.

Unidade 4

Livro

O diário escondido da Serafina, de Cristina Porto. São Paulo: Ática.

Levada e serelepe, Serafina está sempre inventando mil brincadeiras: diverte-se com as palavras, inventa seres que não existem e, como se isso não bastasse, cria um diário e um dicionário para falar de sentimentos.

Filme

Menino Maluquinho, o filme. Direção Helvécio Ratton. Brasil, 1995.

Baseado na clássica obra de Ziraldo, **Menino Maluquinho, o filme** conta a história de um garoto muito travesso e inteligente que vai encontrar ajuda da família e dos amigos para enfrentar as perdas da vida.

BIBLIOGRAFIA

BATISTA, A. A. G. *O texto escolar*: uma história. Belo Horizonte: Autêntica, 2007.

BEZERRA, B. G.; BIASI-RODRIGUES, B.; CAVALCANTE, M. M. (Org.). *Gêneros e sequências textuais*. Recife: Edupe, 2009.

BRASIL. Ministério da Educação. *Base Nacional Comum Curricular.* Brasília: MEC, 2018. Disponível em: <http://basenacionalcomum.mec.gov.br/images/BNCC_EI_EF_110518_versaofinal_site.pdf>. Acesso em: 7 jan. 2020.

CHARAUDEAU, P. *O discurso das mídias*. São Paulo: Contexto, 2006.

COSCARELLI, C.; RIBEIRO, A. E. (Org.). *Letramento digital*: aspectos e possibilidades pedagógicas. 2. ed. Belo Horizonte: Ceale/Autêntica, 2007.

DELL'ISOLA, R. L. P. *Retextualização de gêneros escritos*. Rio de Janeiro: Lucerna, 2007.

DOLZ, J.; SCHNEUWLY, B. *Gêneros orais e escritos na escola*. Tradução e organização de Roxane Rojo e Glaís Sales Cordeiro. Campinas: Mercado de Letras, 2004.

KOCH, I. V. *Desvendando os segredos do texto*. São Paulo: Cortez, 2003.

_______; ELIAS, V. M. *Ler e escrever*. São Paulo: Contexto, 2015.

MARCUSCHI, L. A. *Da fala para a escrita*: atividades de retextualização. São Paulo: Cortez, 2005.

_______. Gêneros textuais: configuração, dinamicidade e circulação. In: KARWOSKI, A. M.; GAYDECZKA, B.; BRITO, K. S. (Org.). *Gêneros textuais*: reflexões e ensino. Rio de Janeiro: Lucerna, 2006.

_______. Gêneros textuais: definição e funcionalidade. In: DIONISIO, A. P.; MACHADO, A. R.; BEZERRA, M. A. (Org.). *Gêneros textuais & Ensino*. Rio de Janeiro: Lucerna, 2005.

_______. *Produção textual, análise de gêneros e compreensão*. São Paulo: Parábola, 2008.

ROJO, R.; MOURA, E. *Multiletramentos na escola*. São Paulo: Parábola Editorial, 2012.